なるほど！韓国語

文字と発音編

姜 奉植 著
（カン ボン シック）

はじめに

　過去にも韓国語ブームが起きては消えたりしましたが、今世紀に入ってからのブームはこれまでとはかなり様相が異なります。2002年の日韓ワールドカップ共催を機に、若者の間で韓国への関心が一気に高まったのは記憶に新しいところですが、その翌年からNHKで放送が始まった「冬のソナタ」が大ヒットし、一大「ヨン様」ブームという社会現象を産み出しました。これに続けとばかり、「宮廷女官チャングムの誓い」もNHKで放送されましたが、これまた大反響で、日本中に「韓流ブーム」が巻き起こりました。このような現象は　今年になっても止みそうもなく、連日、テレビで韓国の番組やドラマ、映画などを目にするほどになりました。

　このような「韓流ブーム」に伴い、韓国語学習者も最近再び増えつつあります。いまはカルチャスクールだけでなく、大学でもまた高校でも韓国語を開講している学校が次から次へと増えています。正に空前の「韓国語ブーム」といってもよいでしょう。

　これからは「東アジア時代の到来」ともいわれますが、これもまた韓国語学習者数の増加に拍車をかけていると思います。いまや駅や街中の案内標識を日・英の他に韓・中を入れた4ヶ国語で書くのは当たり前になっており、ハングルはどんどん身近なものになりつつあります。

　街中に見かけるこのようなハングル標識はただの飾りではありません。近年、商用や観光などで日本を訪問している短期滞在の外国人のうち、韓国からの訪日者数は毎年増加の一途をたどっており、ここ数年は毎年200万人以上が訪日し、諸外国の中で断トツ1位です。いま、温泉宿やゴルフ場、スキー場などの観光地に行けば韓国人観光客を見かけるのはそう難しいことではありません。

　訪日する韓国人は今後も増加していくと思いますし、また日本における韓流ブームもいままでのような右肩上がりではなくても横ばい状態で持続していくことでしょう。これらに歩調を合わせ、韓国語学習者も今後もっと増加していくと思います。現在、日本における韓国語学習者数は、10万人弱か、多く見積もっても20万人は超えないだろうと推定します。この数は、日本人口1億2千万人から見

てまだまだ少なすぎる数だと思います。日韓両国が対等で、正常な隣国関係(お互い尊重しあうパートナー的な関係)になれば、いまの学習者数の何倍、何十倍にもなっていくでしょう。幸いに、最近、こういう友好的な隣国関係に向けて両国が真摯に動き出したような気がします。これは日韓両国にとって大変好ましい姿だと思います。

さて、こういう学習者の増加に応えるべく、良き学習書の不在に筆者は長年真剣に考え悩んでまいりました。外国人向けの韓国語教育が始まってからすでに何十年ぐらいになりますが、これはごく一部の施設で行われていただけで、本格的に始まったのはソウルオリンピック(1988年) 前後からだと思います。韓国語教育はまだ日が浅いのですが学習書の数はそこそこ増えてまいりました。ところが、体系的によく整理されたものは大変乏しいのが現状です。

筆者は、十数年前に拙い学習書を世に出しましたが、その後、体系的によく整理された書の必要性に強く気づき、またその学習書創りの難しさや大変さにも気づき、これらの諸問題に応えられない限りは執筆に取り組むまいと固く誓いました。その後、何回か執筆の依頼はありましたが、まだ応えられるほど準備ができていなかったのでお断りをしてまいりました。それからまた歳月が経った昨年の夏、そろそろ執筆にかかってもよいのではという自信みたいなものが渦巻きだした頃、タイミングよく執筆の声をかけてくださったのが、Coordinate One International 社の韓興 鉄（ハンフンチョル）氏でした。あまりのタイミングのよさに驚きながらも、これは「書け!」という天からのお叱りのような、不思議な感じがしたのをいまも覚えています。この紙面を借りて韓興鉄氏のご好意に改めて感謝の意を表します。

最後に、本書の作成にあたり、研究社の吉井瑠里さんには有益なご助言やご意見等をたまわり、また編集作業にもご尽力いただきました。心から厚く御礼を申し上げます。

姜 奉植

はじめに……iii

第1課 韓国語とは？

1. ハングル（한글）……3
2. ハングルの書き方……4
3. 文法……6
4. 音声と音節……8
5. 語彙……9

第2課 母音

1. 単母音……12
2. ヤ行の重母音……19
3. ワ行の重母音……23

第3課 子音

1. 基本子音……30
2. 激音……40
3. 濃音……43

第4課 終声（パッチム）

1. 終声の発音……50
2. 複子音終声の発音……61

第5課 人名・地名のハングル表記

……66

第6課 発音変化のルール

1. 「ㅎ」音の弱化……76
2. 有声音化……79

3. 連音……82
  4. 濃音化……90
  5. 激音化……96
  6. 流音化……101
  7. 鼻音化……104
  8.「ㄴ」音挿入……110
  9. 口蓋音化……113
  10. 重母音の単母音化……116
  11. 頭音法則……121

第7課　あいさつとよく使う表現

  1. あいさつ……128
  2. 自己紹介……130
  3. 応対……131
  4. 別れる……132
  5. 応答やあいづち……133
  6. 呼びかける……136
  7. 聞き直す……136
  8. 礼をいう……137
  9. 謝る……138
  10. 断る……139
  11. 労う・祝う……139
  12. いろいろな感情表現……141
  13. その他……144

第8課　数詞

  1. 漢語数詞……146
  2. 固有語数詞……151

巻末

＊反切表……156
＊字母の名称……158
＊練習問題の解答……159

この本の特長

「文字と発音編」というと入門程度のレベルと思いがちですが、とりわけ「発音（音声と音韻）」に関しては、入門から上級まで使えるよう、充実した内容にしました。特に、「第4課 終声」と「第6課 発音変化のルール」は、これまで他書が扱ってこなかった多少専門的な学習内容もあえて取り込みました。

　高度の専門的な内容を、学習者が読みやすいように、できるだけ分かりやすくかみくだき、丁寧に説明を行っています。今後、みなさんが初級、中級、上級に上がっていくにつれて、変化に富んだ「韓国語の発音」に疑問を感じることもしばしばあると思いますが、その時は本書に戻って、再度、三度読み直してみてください。読めば読むほど「なるほど!」と納得していただけるでしょう。

「第6課 発音変化のルール」には、日本語にもある類似現象を「コラム」にして付け加えておきました。「何で?」と思われる韓国語の発音の諸変化を、より理解しやすくするためです。読んで「なるほど!」とうなずけ、学習の一助になれれば著者としてこの上のない喜びです。

第1課 韓国語とは？

　この本で学習するのは、韓国と北朝鮮で話されている言語で、韓国では韓国語、北朝鮮では朝鮮語といいます。両者には方言の違いはあるものの基本的には同じ言語です。本書では、韓国語という名称で用いることにします。

　現在、韓国語の話し手は約7,300万人以上（韓国約5,000万人＋北朝鮮約2,300万人＋海外同胞）といわれています。海外には、米国や中国、日本、ロシア、中央アジア等に約600万人の同胞がいます。ただ、海外同胞の中には、すでに韓国語が母語でなくなったり、あるいはほとんど話すことができなかったりする人も結構見受けられます。

　韓国語は母語人口別では7,500万人と世界12位の言語です。これはフランス語（7,200万人、16位）やイタリア語（5,700万人、19位）よりも母語人口が多いということになります。

＊ The Penguin FACTFINDER（2007）による

第1課　韓国語とは？

1 ハングル（한글）

　ハングルとは、韓国語の文字のことをいいます。ハングルを言語名に用いることがたまに見受けられますが、これは間違いです。ハングルは、李氏朝鮮第4代国王である世宗（세종〈セジョン〉）の指示によって1443年に創製され、1446年10月9日に「訓民正音（훈민정음〈フンミンジョンウム〉）」という名で正式に公布されました。当時は、基本的な文字が28文字（子音字17個、母音字11個）でしたが、4文字（子音字3個「ㅿ・ㆁ・ㆆ」、母音字1個「・」）が消失し、現在は24文字となっています。

　ハングルという名称は、20世紀初頭の韓国語学者の周時経（주시경〈チュシギョン〉）先生によってできたとされています。ハンは「大きな」、グルは「文字・文」という意味で、ハングルとは「大いなる文字（もしくは文）」と解します。

　ハングルは、基本的な文字同士の組み合わせも含めて**現在は総40文字（子音字19個、母音字21個）が使われています**。ハングルは、子音字と母音字に分かれており、この点ではアルファベットと同じく1字が1音を表す音素文字ですが、子音と母音を組み合わせて音節単位にまとめて表記していますので、この点では「かな」と同様に音節文字としての性格をも持っています。

韓国語の音節

音節とは、一まとまりで発音される音声の単位のことで、普通核となる母音があり、その前後に子音を伴ったりします。韓国語では**正方形に納まる一つの文字**と考えてよいでしょう。

●韓国語の1音節（赤が母音、黒が子音を表わしています）

ㅏ：母音 a　　ㄴ：子音 n　　ㅇ：（発音しない）ゼロ子音

① 母音のみ　　ㅏ ⇒ 아　　② 母音＋子音　안 ⇒ 안
③ 子音＋母音　나　　　　　④ 子音＋母音＋子音　난

からなる4つのタイプがあります。しかし、表記するときは母音から始まる音節①②には「ㅇ（発音しないゼロ子音）」を母音の前に加えて、それぞれ아、안と表記しますので実際の表記はすべて③④のみとなります。

2 ハングルの書き方

　音節を表記するには下記のような決まりがあります。まず、1音節の表記は、「子音＋母音＋（子音）」の順となりますが、「訓民正音」では**最初の子音を「初声」、中核となる母音を「中声」、最後の子音を「終声」**と名づけました。本書でもこれらの名称を用いることにします。

　初声と中声の並べ方には、図1のＡのように左右に並べて書くタイプと、Ｂのように上下に並べて書くタイプ、それからＣのように初声を中声の左上に書く3つのパターンがあります。どのパターンになるかの決め手は中声（母音）の形によります。

　なお、Ａ、Ｂ、Ｃともに、終声がある場合は当該音節の下部に書くことになっています。いずれにしても正方形に納まるような形にして書きます。正方形に納まるというのは漢字の形からの影響だといわれています。

図1　3パターンの音節

子音（初声）	母音（中声）
子音（終声）	

Ａ

子音（初声）
母音（中声）
子音（終声）

Ｂ

子音（初声）	
母音（中声）	
子音（終声）	

Ｃ

Ａの母音：ㅏ ㅑ ㅓ ㅕ ㅣ ㅐ ㅒ ㅔ ㅖ（縦軸が中心となる母音）
Ｂの母音：ㅗ ㅛ ㅜ ㅠ ㅡ（横軸が中心となる母音）
Ｃの母音：ㅘ ㅝ ㅙ ㅞ ㅚ ㅟ ㅢ（Ｂ＋Ａからなる複合母音）

第1課 韓国語とは？

例A

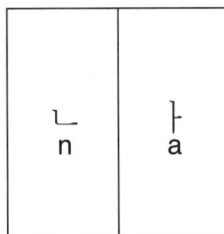
나
[na ナ] ぼく・わたし

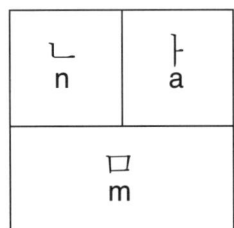
남
[nam ナム] 他人

例B

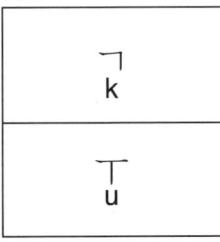
구
[ku ク] 九

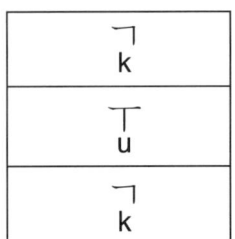
국
[kuk クㇰ] 汁物

例C

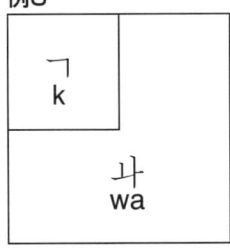
과
[kwa クヮ] 〜と

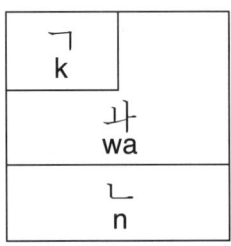
관
[kwan クヮヌ] 管

3 文法

　韓国語の語順は「主語＋目的語＋述語」の順で日本語と同じです。なお、体言に付く「て・に・を・わ・が」などの助詞もあります。
　用言の場合は、語幹に文法機能を持つ接辞や語尾などをつけて表し、この点も日本語と同様です。文法的には日本人にとってなじみやすい言語です。以下の例で語順等について確認してみましょう。

例1.

| ぼく-は | 韓国- | に | 行く- | したい- | です | -けど |

나-는　한국-에　가-고싶-　습니다-만.
[na-nɯn　hanguk- e　ka-goʃip-　ʔsɯmnida-man]
ナ-ヌヌ　ハングㇰ-エ　カ-ゴシㇷ゚-　スㇺニダ-マヌ

意：ぼく（わたし）は韓国に行きたいんですけど。

●単語

-나 [na ナ] ぼく・わたし

-는 [nɯn ヌヌ] 〜は

한국 [hanguk ハングㇰ] 韓国

-에 [e エ] 〜に、〜へ

가- [ka カ]「行く」という意の「가-다 [カダ]」の語幹

-고 싶- [goʃip ゴシㇷ゚]「〜したい」という意の
　　　　「-고 싶-다 [ゴシㇷ゚タ]」の語幹

-습니다 [ʔsɯmnida スㇺニダ]「〜です、〜ます」にあたる丁寧形語尾

-만 [man マヌ]「〜けれども」にあたる婉曲形語尾

第1課　韓国語とは？

　もう1つおもしろい例を挙げます。Ｊリーガーの中山雅史選手のかつての名ぜりふ「おれが中山だ！」を韓国語にすると「내가 나카야마다！」となります。
例2.

おれ - が　　　中山 - だ
내-가　　나카야마-다!
[nɛ-ga   nakʰajama-da]
ネ - ガ　　　ナカヤマ - ダ

●単語
-내 [nɛ ネ]「나（ぼく／わたし）」の異形で助詞「-가」の前に立つ時の形
-가 [ga ガ]〜が　　나카야마 [nakʰajama ナカヤマ] 中山（人名）
-다 [da ダ]〜だ

韓国語と日本語の類似点
① 韓国語には、助詞「〜が」と助動詞「〜だ」にあたる語があり、しかも発音もほとんど同じです。
②「おれ」にあたる내 [nɛ ネ] は나 [na ナ] の異形で、本来は自分のことを「나」というのですが、この「나」はいまは使わなくなった、奈良時代の第1人称代名詞「己（ナと読む）」とは同源語と考えられます。
③ 断定の助動詞「〜だ」は、ニュアンスが強いといって西日本ではあまり好まれません。西日本では、「〜だ」の代わりに、柔らかいニュアンスを持つ「〜や」の方がよく使われていますが、韓国語にも「〜や」のようなニュアンスを持っている語があり、「-야 [ja ヤ]」といいます。この「-다」と「-야」は、発音と文法機能とニュアンスまでが似ています。

　上記は、筆者が恣意的に挙げた端的な例文とはいえ、語順が一緒で文法機能を持つ語などがここまで似ていることは、日本語と韓国語の系統的関係がただならぬものであることを物語っていると筆者は考えています。

4 音声と音節

　韓国語の音声は母音と子音に分かれています。単母音が8個、重母音は13個の合計21個の母音があります。子音は、全部で19個ありますが、日本語のような清・濁による区別はなく、強い息の有無や緊張の有無による区別があります。これらの音声については「第2課　母音」「第3課　子音」で詳しく説明します。

　次は音節についてですが、日本語の音節は、基本的には母音で終わります。反面、韓国語は、母音で終わる音節もあれば、子音（終声）で終わる音節もあります。この終声の付いている音節は日本人にとって発音しにくいといわれますが、終声をしっかり意識して正しい発音の練習をすれば克服できます。

　例えば、下記の言葉は韓国語から日本語に入った語ですが、終声を発音しにくい（あるいは聞き取りにくい）ということで終声に母音「-ɯ」を付けて発音したり、終声を発音しなかったり、あるいは終声の後続音の影響を受けて終声音が変わったりしているのです。本来の韓国語の発音とどこがどう変わっているのか、よく聞き比べてください。ここでは、発音が変わって違和感が生じる音節だけを指摘し、違和感を感じない、微々たる変化に対する指摘は省略します。

①キムチ [ki-mɯ-tʃi] < 김치 [kim-tʃʰi キムチ] キムチ
 ＊母音「-ɯ」の追加
②カルビ [ka-rɯ-bi] < 갈비 [kal-bi カルビ] カルビ
 ＊母音「-ɯ」の追加
③クッパ (_) [kɯ-pː-pa(_)] < 국밥 [kuk-ʔpap ククパㇷ゚] クッパ
 ＊後続音 [p]（クッパの「-パ」の頭子音）の影響を受け、「ッ」が [pː] で発音される。
 ＊(_) は終声 [-p] を発音しないことを表す。

④サンチュ [sa-nː-tʃɯ] < 상추 [saŋ-tʃʰu サンチュ] サンチュ
 ＊後続音 [t]（サンチュの「-チュ」の頭子音）の影響を受け、「ン」が [nː] で発音される。

5 語彙

　韓国語の語彙は、漢語、固有語、借用語（外来語）、混種語からなっています。漢語が最もよく使われ、使用語彙の半分以上は漢語が占めているといわれます。なお、漢字の読み方は1字1音が基本で、しかも音読みだけですので大変覚えやすいものです。

①漢　語：한국 [hanguk ハングㇰ] 韓国　　일본 [ilbon イルボㇴ] 日本
　　　　　일 [il イル] 一　　　　　　　이 [i イ] 二

②固有語：다리 [tari タリ] 脚　　　　사람 [saram サラム] 人
　　　　　하나 [hana ハナ] 1つ　　　　둘 [tul トゥル] 2つ

③借用語：우동 [udoŋ ウドン] うどん　스시 [sɯʃi スシ] 寿司
쇼핑 [ʃopʰiŋ ショピン] ショッピング
인터넷 [intʰɔnet イントネッ] インターネット

④混種語：異なった言語に由来する2つ以上の要素からなる語。

PC 방 [pʰiʔʃibaŋ ピッシバン] ネットカフェ
　　PC：パソコン（英語の「Personal Computer」の頭文字）
　　방：部屋（→漢語「房」から）

노래방 [norɛbaŋ ノレバン] カラオケボックス
　　노래：歌（固有語）

휴대폰 [hjudɛpʰon ヒュデポヌ] 携帯電話
　　휴대：携帯（漢語）
　　폰：フォーン（英語の「phone」、韓国語の音声には [f] がないため、ㅍ [pʰ] で表記する）

롱다리 [roŋdari ロンダリ] 長い脚
　　롱：ロング（英語の「long」）　다리：脚（固有語）

第1課 韓国語とは？

第2課　母音

　韓国語の母音は、単母音が8個（ㅏ・ㅣ・ㅜ・ㅡ・ㅔ・ㅐ・ㅗ・ㅓ）、重母音が13個（ㅑ・ㅠ・ㅖ・ㅒ・ㅛ・ㅕ・ㅘ・ㅟ・ㅢ・ㅙ・ㅞ・ㅝ・ㅚ）の合わせて21個があります。重母音とは、日本語でいえばヤ行とワ行にあたる母音です。

＊学習を手助けするために、ハングル文字に国際音声記号とフリガナを付けておきましたが、フリガナ表記は、韓国語の発音を正確に書き表せない難点を持っています。フリガナにばかり頼ってしまうと正確な発音ができなくなり、意味が通じないことが多々あります。フリガナに頼りすぎないようにし、できるだけ早いうちにフリガナから卒業してハングルが読めるように励んでくれることを切に願います。

1 単母音

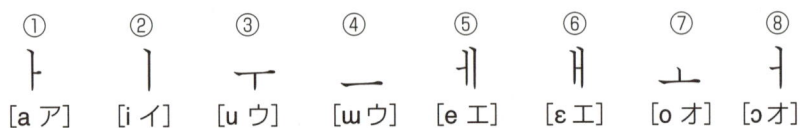

①	②	③	④	⑤	⑥	⑦	⑧
ㅏ	ㅣ	ㅜ	ㅡ	ㅔ	ㅐ	ㅗ	ㅓ
[a ア]	[i イ]	[u ウ]	[ɯ ウ]	[e エ]	[ɛ エ]	[o オ]	[ɔ オ]

① ㅏ　「ア」とほとんど同じ発音です。
　　[a ア]

② ㅣ　「イ」とほとんど同じ発音です。
　　[i イ]

③ ㅜ　唇を前に突き出し、丸めて「ウ」と発音します。
　　[u ウ]
　（円唇母音。唇を丸めて発音する母音のこと）

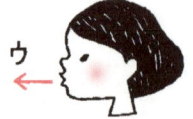

第2課　母音

④ ㅡ　　口を狭く開けて「ウ」と発音します。(非円唇母音)
　 [ɯ ウ]

⑤ ㅔ　　日本語の「エ」とほとんど同じ発音です。
　 [e エ]

⑥ ㅐ　　日本語の「エ」より口を大きく開けて
　 [ɛ エ]　「エ」と発音します。

⑦ ㅗ　　③のㅜと同じく唇を前に突き出し、
　 [o オ]　丸めて「オ」と発音します。(円唇母音)

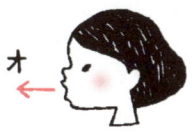

⑧ ㅓ　　口を大きく開けて「オ」と発音します。
　 [ɔ オ]　(非円唇母音)

下記の母音図を参考にしながら発音の練習をしてください。

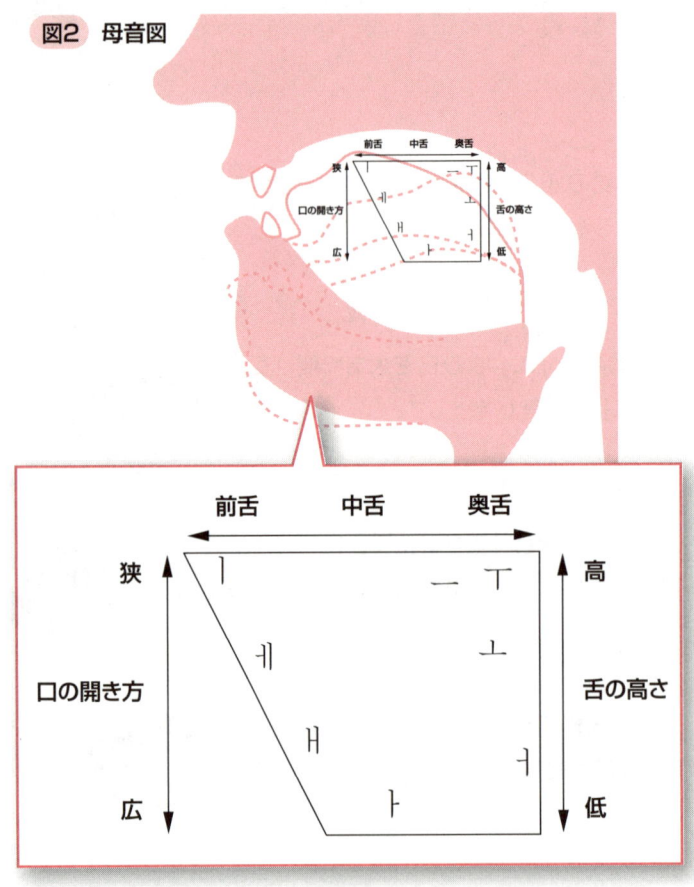

図2　母音図

例えば、
- ㅏ：舌の位置は中舌のもっとも低いところで、口をもっとも広く開けて発音します。
- ㅣ：舌の位置は前舌のもっとも高いところで、口をもっとも狭く開けて発音します。
- ㅜ：舌の位置は奥舌のもっとも高いところで、口を（円唇にして）もっとも狭く開けて発音します。

他の母音も同様の要領です。

ㅜと―、ㅔとㅐ、ㅗとㅓの違い

　この3組の母音は日本人の耳にはほとんど同じ音に聞こえる難しい発音です。下記にその発音の違いについて説明をしておきましたが、説明を読むだけでは正確に発音できないこともありますので、CDの発音を繰り返し何度も聴きながら、まねして発音の練習をしてください。

① ㅜと―

「ㅜ」と「―」は両方とも「ウ」に近い音ですが、「ㅜ」は唇を突き出して丸めて発音する（円唇母音）のに対し、「―」は唇を突き出したり丸めたりしない（非円唇母音）で、口をあまり開かないで発音します。「―」は「イ」と口の開け方がほぼ同じです。
　また、発音時に「ㅜ」は唇に息（呼気）の当たりが感じられますが、「―」はあまり感じられない違いがあります。

② ㅔとㅐ

「ㅔ」と「ㅐ」も両方とも「エ」に聞こえていることでしょう。本来、「ㅐ」は、「ㅔ」より口を大きく開け、舌を下に下げて発音する半広母音です。しかし、最近、この2つの発音は紛らわしくなってきており、その区別を失いつつあります。ごく一部の年配層を除いては、「ㅔ」も「ㅐ」も「エ」と**ほとんど同じ音で発音します。**

③ ㅗとㅓ

「ㅗ」と「ㅓ」も「オ」に聞こえていると思いますが、「ㅗ」は「ㅜ」と同じく唇を突き出して丸めて発音する円唇母音です。したがって発音時に「ㅜ」と同様に唇に息の当たりが感じられますが、「ㅓ」はほとんど感じられません。「ㅓ」は口を大きく開けて発音すれば大丈夫です。

CD6 次の発音をよく聴き、まねして発音してください。

a. ㅜ [u ウ]　　　b. ㅡ [ɯ ウ]　　　c. ㅗ [o オ]　　　d. ㅓ [ɔ オ]
e. ㅜㅜㅡㅡㅜㅡㅜㅡ
f. ㅗㅗㅓㅓㅗㅓㅗㅓ

CD7 発音をよく聴いて正しいと思われる文字を CD6 から選び、ハングルで書いてください。

①　　　　　　②　　　　　　③　　　　　　④

　母音字を実際に表記する時は、下記のようにそれぞれの母音字の左か上に子音字「ㅇ」を添え、「ㅇ＋母音」からなる音節単位で書くことになっています。たて線が軸になっている場合は左に、よこ線が軸になっている場合は上に付けて書きます。

아　이　우　으　에　애　오　어
[a ア] [i イ] [u ウ] [ɯ ウ] [e エ] [ɛ エ] [o オ] [ɔ オ]

* 「ㅇ」: 初声では音価を持たない（発音しない）「ゼロ子音」です。終声では鼻音 [ŋ] の音価を持ちます（→第4課で後述）。
* 「에・오・어」は、基本的に「ㅇ」と「ㅔ・ㅗ・ㅓ」をそれぞれくっつけて書きます。しかし、若干離れても問題にはなりません。

第2課　母音

🖍 練習

1. 次の母音をしっかり発音しながら書いてください。

아 [a ア]					
이 [i イ]					
우 [u ウ]					
으 [ɯ ウ]					
에 [e エ]					
애 [ɛ エ]					
오 [o オ]					
어 [ɔ オ]					

2. CD で次の単語の発音をよく聴きながら発音の練習を行ってください。その後、( )に書いてみましょう。

① 아이 ( ) ( ) ( )
　　[ai アイ] 子ども
② 아우 ( ) ( ) ( )
　　[au アウ] 弟
③ 이 ( ) ( ) ( )
　　[i イ] 二、歯、この
④ 우아 ( ) ( ) ( )
　　[ua ウア] 優雅
⑤ -에 ( ) ( ) ( )
　　[e エ] ～に、～へ
⑥ 애 ( ) ( ) ( )
　　[ɛ エ] 子供（아이の縮約形）
⑦ 이 애 ( ) ( ) ( )
　　[iɛ イエ] この子
⑧ 오 ( ) ( ) ( )
　　[o オ] 五
⑨ 오이 ( ) ( ) ( )
　　[oi オイ] きゅうり
⑩ 어이 ( ) ( ) ( )
　　[ɔi オイ] お～い

2 ヤ行の重母音

ヤ行の重母音には6つあります。下にもとの単母音とヤ行の重母音を示しておきました。まずその文字の形を比べてみてください。

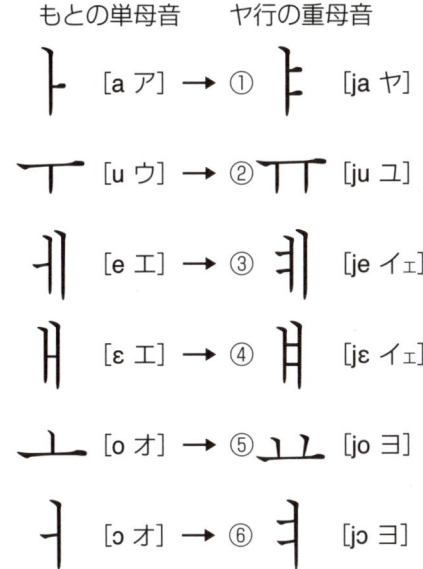

ヤ行の重母音は、もとの単母音に1画が加えられ、軸線の左右もしくは上下が2本線になっています。文字の形だけでなく発音ももとの単母音からなっており、加えられた1画が半母音 [j] を表していると考えてよいです。

ㅖと ㅒ、ㅛと ㅕの違い

① ㅖと ㅒ

「ㅖ」も「ㅒ」も両方とも「イェ」に聞こえていると思いますが、実は「ㅖ」と「ㅒ」の違いは、もとの単母音である「ㅔ」と「ㅐ」の違いにあるのです。つまり、「ㅔ」より「ㅐ」の方が口を大きく開き、舌は下の方に下げて発音するのです。しかし、先述したように「ㅔ」と「ㅐ」がその区別を失いつつあるのと同様に「ㅖ」と「ㅒ」もその区別を失いつつあります。**両方とも「イェ」で通用します。**

② ㅛと ㅕ

「ㅛ」と「ㅕ」も「ヨ」に聞こえていると思いますが、この2つの音はしっかり区別されます。「ㅛ」と「ㅕ」の違いも、やはりそのもとの単母音「ㅗ」は「ㅓ」の違いにあるのです。先述したように「ㅗ」は唇を突き出して丸めて発音する円唇母音で、「ㅓ」は口を大きく開けて発音する非円唇母音なのです。「ㅛ」と「ㅕ」も同じ要領ですのでしっかり守って発音の練習をしてください。

CD 10 次の発音をよく聴き、まねして発音してください。
a. ㅛ [jo ヨ]　　b. ㅕ [jɔ ヨ]　　c. ㅛㅛㅖㅒㅖㅒ

CD 11 発音をよく聴いて正しいと思われる文字をCD10から選び、ハングルで書いてください。
①　　　　　②　　　　　③　　　　　④

第2課　母音

　この6つの重母音も、通常は子音字「ㅇ」を添えて「ㅇ＋母音」からなる音節単位で書きます。書き添える位置は、単母音で先述した通りです。

야　　유　　예　　애　　요　　여
[ja ヤ]　[ju ユ]　[je イェ]　[jɛ イェ]　[jo ヨ]　[jɔ ヨ]

＊「예・요・여」も、「에・오・어」と同じく基本的には「ㅇ」に「ㅕ・ㅛ・ㅕ」をそれぞれくっつけて書きます。若干離れても問題にはなりません。

練習

1. 次の母音をしっかり発音しながら書いてください。

야 [ja ヤ]					
유 [ju ユ]					
예 [je イェ]					
애 [jɛ イェ]					
요 [jo ヨ]					
여 [jɔ ヨ]					

2. CD で次の単語の発音をよく聴きながら発音の練習を行ってください。その後、( )に書いてみましょう。

① 야유 (   ) (   ) (   )
　　[jaju ヤユ] 揶揄
② 유아 (   ) (   ) (   )
　　[jua ユア] 幼児
③ 우유 (   ) (   ) (   )
　　[uju ウユ] 牛乳
④ 이유 (   ) (   ) (   )
　　[iju イユ] 理由
⑤ 유예 (   ) (   ) (   )
　　[juje ユイェ] 猶予
⑥ 예 (   ) (   ) (   )
　　[je イェ] はい
⑦ 예우 (   ) (   ) (   )
　　[jeu イェウ] 礼遇
⑧ 얘 (   ) (   ) (   )
　　[jɛ イェ] この子（이 애の縮約形）
⑨ 여유 (   ) (   ) (   )
　　[jɔju ヨユ] 余裕
⑩ 여아 (   ) (   ) (   )
　　[jɔa ヨア] 女児
⑪ 여우 (   ) (   ) (   )
　　[jɔu ヨウ] きつね

第2課　母音

3 ワ行の重母音

　ワ行の重母音には7つあります。下記の字形を見てお分かりのように、7つとも単母音2つを組み合わせてできています。左側の母音はㅗ(①、④、⑥)か、ㅜ(②、⑤、⑦)か、ㅡ(③)のいずれかで、右側の母音はㅏ・ㅣ・ㅐ・ㅔ・ㅓのいずれかです。書く時にこの単母音の組合わせを間違えないように注意しましょう。左側と右側の母音字は、⑤、⑦が若干離れていて、その他はくっついた形をしていますが、実際に書く時にはわざわざくっつけて書く必要はありません。ペンの勢いでくっつくこともありますが、くっつかなくてもよしです。

ㅗ+ㅏ → ① ㅘ [wa ワ]

ㅜ+ㅣ → ② ㅟ [wi ウィ]

ㅡ+ㅣ → ③ ㅢ [ɯi ウィ]

ㅗ+ㅐ → ④ ㅙ [wɛ ウェ]

ㅜ+ㅔ → ⑤ ㅞ [we ウェ]

ㅗ+ㅣ → ⑥ ㅚ [we ウェ]

ㅜ+ㅓ → ⑦ ㅝ [wɔ ウォ]

ワ行の重母音も文字だけでなく発音の方ももとの単母音からなっています。もとの単母音2つが1音節に縮約されたのがワ行の重母音なのです。試しに2つの単母音を続けて何回か繰り返しながら素早く発音をしてみてください。やがてワ行の重母音になっていくことにお気付きになることでしょう。
例
ㅗ [o オ] + ㅏ [a ア]　ㅗㅏㅗㅏ……ㅘ [wa ワ]
ㅜ [u ウ] + ㅣ [i イ]　ㅜㅣㅜㅣ……ㅟ [wi ウィ]

　ただし、⑥ㅚ [we ウェ] だけは、元の発音 [ø オィ] から [we ウェ] に変わり、⑤ㅞ [we ウェ] と同じ音になりつつあります。
　なお、③ㅢを除いた6つの重母音は、（左側の）前母音が円唇母音のㅗかㅜなので唇を突き出して丸めた構えをして発音します。
　上記②〜⑦のフリガナを見ると、前母音「ウ」の表記が目立っていますが、実際は前母音「ウ」の発音は弱く（→第6課の10.で詳述）、「ウ」に続く（右側の）後母音（ィ、ェ、ォ）の方がはっきり発音されます。みなさんも後母音をしっかり発音するように心がけてください。

ㅟとㅢ、ㅙとㅞとㅚの違い

① ㅟとㅢ
　「ㅟ」と「ㅢ」は「ウィ」に近い音に聞こえますが、韓国語ではこの2つの音ははっきりと区別されます。「ㅟ」と「ㅢ」の違いは、それぞれの前母音「ㅜ」と「ㅡ」の違いにあります。ですから、口の構えを「ㅟ」は円唇（前につきだして丸める）にし、「ㅢ」は非円唇にして発音します。

② ㅙとㅞとㅚ
　まず、先述したように後ろの2つ「ㅞ」と「ㅚ」は区別がなくなりつつあり、どちらも [we ウェ] で発音しています。したがって、「ㅞ」と「ㅚ」は**字形は違っていても同音**と考えてかまいません。しかし、「ㅙ」は、「ㅞ（＝ㅚ）」とは厳密にいえば差異があります。それは、「ㅙ」と「ㅞ」の後母音「ㅐ」と「ㅔ」の違いにあるのです。要するに、発音の終わりに口を大きく開ける

第2課　母音

か否かがポイントとなります。しかし、「ㅐ」と「ㅔ」の区別がなくなりつつあるので「ㅙ」も「ㅞ(ㅚ)」もみな同音「ウェ」と発音しても通用します。

CD 14 次の発音をよく聴き、まねして発音してください。
a. ㅟ [wi ウィ]　　b. ㅢ [ɯi ウィ]　　c. ㅟㅓㅢㅗㅟㅓㅢㅗ

CD 15 発音をよく聴いて正しいと思われる文字をCD14から選び、ハングルで書いてください。
①　　　　　②　　　　　③　　　　　④

＊この7つの重母音も子音字「ㅇ」を下記のように添えて書きます。

와　위　의　왜　웨　외　워

[wa ワ]　[wi ウィ]　[ɯi ウィ]　[wɛ ウェ]　[we ウェ]　[we ウェ]　[wɔ ウォ]

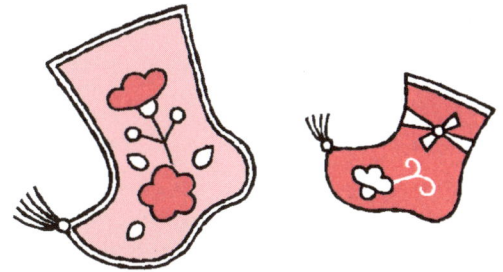

練習

1. 次の母音をしっかり発音しながら書いてください。

와 [wa ワ]					
위 [wi ウィ]					
의 [ɯi ウィ]					
왜 [wɛ ウェ]					
웨 [we ウェ]					
외 [we ウェ]					
워 [wɔ ウォ]					

2. **CD 16** CDで次の単語の発音をよく聴きながら発音の練習を行ってください。その後、（　）に書いてみましょう。

① -와（　　　）（　　　）（　　　）
　[wa ワ] 〜と

② 와이（　　　）（　　　）（　　　）
　[wai ワイ] Y

③ 와이어（　　　）（　　　）（　　　）
　[waiɔ ワイオ] ワイヤ

④ 위（　　　）（　　　）（　　　）
　[wi ウィ] 上、胃

⑤ -의（　　　）（　　　）（　　　）
　[ɰi ウィ] 〜の

⑥ 의아（　　　）（　　　）（　　　）
　[ɰia ウィア] 怪訝（けげん）

⑦ 의의（　　　）（　　　）（　　　）
　[ɰi(ɰ)i ウィィ] 意義、疑義

＊「의」は、語中・語尾で [이] と発音されます。（→第6課の10.で詳述）

⑧ 의외（　　　）（　　　）（　　　）
　[ɰiwe ウィウェ] 意外

⑨ 예의（　　　）（　　　）（　　　）
　[je(ɰ)i イェイ] 礼儀

⑩ 유의（　　　）（　　　）（　　　）
　[ju(ɰ)i ユイ] 留意

⑪ 왜（　　　）（　　　）（　　　）
　[wɛ ウェ] なぜ

⑫ 외유（　　　）（　　　）（　　　）
　[weju ウェユ] 外遊

⑬ 외야 (　　　) (　　　) (　　　)
　　[weja ウェヤ] 外野
⑭ 야외 (　　　) (　　　) (　　　)
　　[jawe ヤウェ] 野外
⑮ 예외 (　　　) (　　　) (　　　)
　　[jewe イェウェ] 例外

第2課 母音

母音順

　参考までに、韓国の学校教育では、母音21個を単母音と重母音に分けて教えたりはしません。伝統的に母音は、基本母音10個と複合母音（基本母音同士の組み合わせ）11個からなっていると教えています。下記の（　）の外側にあるのが基本母音で、（　）の内側にあるのは複合母音です。

ㅏ（ㅐ）　　ㅑ（ㅒ）　　ㅓ（ㅔ）　　ㅕ（ㅖ）

ㅗ（ㅘ ㅙ ㅚ）　　ㅛ　　ㅜ（ㅝ ㅞ ㅟ）

ㅠ　　ㅡ（ㅢ）　　ㅣ

　例えば、ㅐは、「ㅏ＋ㅣ」の複合からなっていますのでㅏのあとにおき、ㅒは「ㅑ＋ㅣ」の複合ですのでㅑのあとにおくという具合です。辞書を引く時とか名簿などにある母音順は、上記の左上から（　）の中の複合母音も含めて、「ㅏ、ㅐ、ㅑ、ㅒ、…、ㅣ」となります。（→巻末の反切表を参照）

第3課 子音

　韓国語の子音は、基本子音10個「ㄱ・ㄴ・ㄷ・ㄹ・ㅁ・ㅂ・ㅅ・ㅇ・ㅈ・ㅎ」、激音4個「ㅋ・ㅌ・ㅍ・ㅊ」、濃音5個「ㄲ・ㄸ・ㅃ・ㅆ・ㅉ」の計19個あります。

　通常、子音は母音と組み合わせて音節単位で表記しますが、子音の書く位置は、第2課で学んだ、ゼロ子音字「ㅇ」を書く位置と同じところです。つまり、「ㅇ」と入れ替えて書けばよいのです。

1 基本子音

①	②	③	④	⑤	⑥	⑦	⑧	⑨	⑩
ㄱ	ㄴ	ㄷ	ㄹ	ㅁ	ㅂ	ㅅ	ㅇ	ㅈ	ㅎ
[k/g]	[n]	[t/d]	[r/l]	[m]	[p/b]	[s/ʃ]	[無音/ŋ]	[tʃ/dʒ]	[h]

以下に、基本子音と単母音を組み合わせて列挙しました

① ㄱ [k/g]

CD 17 日本語のカ（ガ）行の子音とほとんど同じ発音です。語頭では [k] で発音されますが、語中・語尾では有声音（濁音）[g] で発音されます。

가　기　구　그　게　개　고　거
[ka カ] [ki キ] [ku ク] [kɯ ク] [ke ケ] [kɛ ケ] [ko コ] [kɔ コ]

가구 [kagu カグ] 家具　　고기 [kogi コギ] 肉

＊語頭・語中・語尾での発音の違いについては、第4課の発音アドバイス1の図3を参照してください。

第3課　子音

② ㄴ [n]

日本語のナ行の子音とほとんど同じ発音です。

나　니　누　느　네　내　노　너
[na ナ]　[ni ニ]　[nu ヌ]　[nɯ ヌ]　[ne ネ]　[nɛ ネ]　[no ノ]　[nɔ ノ]

누나 [nuna ヌナ] 姉（弟から見た時の）　누구 [nugu ヌグ] だれ

③ ㄷ [t/d]

「チ（ジ）・ツ（ズ）」を除いた、タ（ダ）行の子音とほとんど同じ発音です。語頭では [t] で発音されますが、語中・語尾では①ㄱと同じく有声音 [d] で発音されます。

다　디　두　드　데　대　도　더
[ta タ]　[ti ティ]　[tu トゥ]　[tɯ トゥ]　[te テ]　[tɛ テ]　[to ト]　[tɔ ト]

대개 [tɛgɛ テゲ] 大概　　가다 [kada カダ] 行く

④ ㄹ [r/l]

日本語のラ行の子音とほとんど同じ発音です。初声、すなわち母音の前では [r-] で発音され、終声（母音のあと）では [-l] で発音されます。終声の [-l] については、第4課で説明します。

라　리　루　르　레　래　로　러
[ra ラ]　[ri リ]　[ru ル]　[rɯ ル]　[re レ]　[rɛ レ]　[ro ロ]　[rɔ ロ]

나라 [nara ナラ] 国　　노래 [norɛ ノレ] 歌

⑤ ㅁ [m]

日本語のマ行の子音とほとんど同じ発音です。

마 미 무 므 메 매 모 머
[ma マ] [mi ミ] [mu ム] [mɯ ム] [me メ] [mɛ メ] [mo モ] [mɔ モ]
머리 [mɔri モリ] 頭　나무 [namu ナム] 木

⑥ ㅂ [p/b]

日本語のパ（バ）行の子音とほとんど同じ発音です。語頭では [p] で発音されますが、語中・語尾では①ㄱ③ㄷと同じく有声音 [b] で発音されます。

바 비 부 브 베 배 보 버
[pa パ] [pi ピ] [pu プ] [pɯ プ] [pe ペ] [pɛ ペ] [po ポ] [pɔ ポ]
바다 [pada パダ] 海　나비 [nabi ナビ] 蝶

⑦ ㅅ [s/ʃ]

日本語のサ行の子音とほとんど同じ発音です。「ㅣ・ㅑ・ㅕ・ㅛ・ㅠ・ㅐ・ㅖ」の前では口蓋音化して [ʃ] で発音されますが、この現象は日本語と同様ですので気にしないで発音して結構です。ただし、日本語と違う点は、ㅅ [s/ʃ] は語中・語尾で有声音 [z/ʒ] にならないということです。**間違えて濁音で発音しないように気を付けましょう。**

사 시 수 스 세 새 소 서
[sa サ] [ʃi シ] [su ス] [sɯ ス] [se セ] [sɛ セ] [so ソ] [sɔ ソ]
수도 [sudo スド] 水道、首都　비서 [pisɔ ピソ] 秘書

第3課 子音

⑧ ○ [無音 /ŋ]

第2課で学んだように、「○」は初声では無音でしたが、終声では鼻音 [ŋ] で発音されます。終声の [ŋ] については、「第4課 終声」で説明します。

아 [a ア]　이 [i イ]　우 [u ウ]　으 [ɯ ウ]　에 [e エ]　애 [ɛ エ]　오 [o オ]　어 [ɔ オ]

아래 [arɛ アレ] 下　우수 [usu ウス] 優秀

⑨ ㅈ [tʃ/dʒ]

日本語のチャ（ジャ）行の子音とほぼ同じ発音ですが、チャ行の子音より多少やわらかな感じで発音します。①ㄱ③ㄷ⑥ㅂと同じく、語中・語尾で有声音 [dʒ] で発音されます。

자 [tʃa チャ]　지 [tʃi チ]　주 [tʃu チュ]　즈 [tʃɯ チュ]　제 [tʃe チェ]　재 [tʃɛ チェ]　조 [tʃo チョ]　저 [tʃɔ チョ]

자리 [tʃari チャリ] 席　지지 [tʃidʒi チジ] 支持

⑩ ㅎ [h]

「フ [Φɯ]」を除いた、ハ行の子音と同じ音ですが、**語中・語尾で [b] になることはありません**。ただし、語中・語尾で [h] がほとんど聞こえないくらい弱まったり、あるいは落ちたりすることはあります。

하 [ha ハ]　히 [hi ヒ]　후 [hu フ]　흐 [hɯ フ]　헤 [he ヘ]　해 [hɛ ヘ]　호 [ho ホ]　허 [hɔ ホ]

하나 [hana ハナ] 1つ　허리 [hɔri ホリ] 腰

練習1

基本子音と単母音を組み合わせ、しっかり発音しながら書いてください。

	k/g ㄱ	n ㄴ	t/d ㄷ	r ㄹ	m ㅁ	p/b ㅂ	s/ʃ ㅅ	**無音** ㅇ	tʃ/dʒ ㅈ	h ㅎ
ㅏ a ア	ka カ	na ナ	ta タ	ra ラ	ma マ	pa パ	sa サ	a ア	tʃa チャ	ha ハ
ㅣ i イ	ki キ	ni ニ	ti ティ	ri リ	mi ミ	pi ピ	ʃi シ	i イ	tʃi チ	hi ヒ
ㅜ u ウ	ku ク	nu ヌ	tu トゥ	ru ル	mu ム	pu プ	su ス	u ウ	tʃu チュ	hu フ
ㅡ ɯ ウ	kɯ ク	nɯ ヌ	tɯ トゥ	rɯ ル	mɯ ム	pɯ プ	sɯ ス	ɯ ウ	tʃɯ チュ	hɯ フ
ㅔ e エ	ke ケ	ne ネ	te テ	re レ	me メ	pe ペ	se セ	e エ	tʃe チェ	he ヘ
ㅐ ɛ エ	kɛ ケ	nɛ ネ	tɛ テ	rɛ レ	mɛ メ	pɛ ペ	sɛ セ	ɛ エ	tʃɛ チェ	hɛ ヘ
ㅗ o オ	ko コ	no ノ	to ト	ro ロ	mo モ	po ポ	so ソ	o オ	tʃo チョ	ho ホ
ㅓ ɔ オ	kɔ コ	nɔ ノ	tɔ ト	rɔ ロ	mɔ モ	pɔ ポ	sɔ ソ	ɔ オ	tʃɔ チョ	hɔ ホ

2. CD18　CDで次の単語の発音をよく聴きながら発音の練習を行ってください。その後、（　）に書いてみましょう。

① 나（　　　）（　　　　）（　　　　）
　[na ナ] ぼく、わたし

② 아버지（　　　）（　　　）（　　　　）
　[abʌdʑi アボジ] 父

③ 어머니（　　　）（　　　）（　　　　）
　[ɔmɔni オモニ] 母

④ 해（　　　　）（　　　）（　　　　）
　[hɛ ヘ] 陽

⑤ 가수（　　　　）（　　　）（　　　）
　[kasu カス] 歌手

⑥ 도로（　　　　）（　　　）（　　　）
　[toro トロ] 道路

⑦ 배（　　　　）（　　　　）（　　　）
　[pɛ ペ] お腹、船、梨、倍

⑧ 바지（　　　　）（　　　）（　　　）
　[padʑi パジ] ズボン

⑨ 구두（　　　　）（　　　）（　　　）
　[kudu クドゥ] 革製の靴

⑩ 두부（　　　　）（　　　）（　　　）
　[tubu トゥブ] 豆腐

⑪ 소주（　　　　）（　　　）（　　　）
　[sodʑu ソジュ] 焼酎

下記に、基本子音とヤ行の重母音を組み合わせて表にしました。この表にある音節は使用頻度がそれほど高くなく、実際に使われない音節もありますが、最近は外来語の表記などに使われることがありますので一応全音節を示すことにしました。

表1　基本子音×ヤ行の重母音

	k/g ㄱ	n ㄴ	t/d ㄷ	r ㄹ	m ㅁ	p/b ㅂ	s/ʃ ㅅ	無音 ㅇ	tʃ/dʒ ㅈ	h ㅎ
ㅑ ja ヤ	갸 kja キャ	냐 nja ニャ	(댜) tja ティャ	(랴) rja リャ	(먀) mja ミャ	(뱌) pja ピャ	샤 ʃa シャ	야 ja ヤ	(쟈) tʃa チャ	햐 hja ヒャ
ㅠ ju ユ	규 kju キュ	뉴 nju ニュ	(듀) tju ティュ	류 rju リュ	뮤 mju ミュ	뷰 pju ピュ	슈 ʃu シュ	유 ju ユ	쥬 tʃu チュ	휴 hju ヒュ
ㅖ je イェ	계 kje キェ	(녜) nje ニェ	(뎨) tje ティェ	례 rje リェ	(몌) mje ミェ	볘 pje ピェ	셰 ʃe シェ	예 je イェ	졔 tʃe チェ	혜 hje ヒェ
ㅒ jɛ イェ	걔 kjɛ キェ	냬 njɛ ニェ	댸 tjɛ ティェ	럐 rjɛ リェ	먜 mjɛ ミェ	뱨 pjɛ ピェ	섀 ʃɛ シェ	얘 jɛ イェ	쟤 tʃɛ チェ	햬 hjɛ ヒェ
ㅛ jo ヨ	교 kjo キョ	뇨 njo ニョ	됴 tjo ティョ	료 rjo リョ	묘 mjo ミョ	뵤 pjo ピョ	쇼 ʃo ショ	요 jo ヨ	죠 tʃo チョ	효 hjo ヒョ
ㅕ jo ヨ	겨 kjo キョ	녀 njo ニョ	뎌 tjo ティョ	려 rjo リョ	며 mjo ミョ	벼 pjo ピョ	셔 ʃo ショ	여 jo ヨ	져 tʃo チョ	혀 hjo ヒョ

＊ ㅖ・ㅒ段：「예・얘、셰・섀、졔・쟤」を除いた、他の音節は、実際には単母音化（jを発音しない）し、계 [ke ケ]、걔 [ke ケ] などと発音されます。（→第6課の10.で後述）

＊ （　）は現代韓国語にない音節です。

＊ 쟈行は、先述の자行（単母音との組み合わせ）と母音の違いはあるものの同じ発音になっています。歴史的に見て、쟈行が자行の方に発音が移行したものと考えられます。
　なお、後述の「ㅈ」の激音「ㅊ」と濃音「ㅉ」からなる、챠行と차行、쨔行と짜行も母音は違っていてもそれぞれ同音です。

3. **CD 19** CD で次の単語の発音をよく聴きながら発音の練習を行ってください。その後、（　）に書いてみましょう。

① 야구 （　　　）（　　　　）（　　　　）
　　[jagu ヤグ] 野球

② 요리 （　　　）（　　　　）（　　　　）
　　[jori ヨリ] 料理

③ 무료 （　　　）（　　　　）（　　　　）
　　[murjo ムリョ] 無料

④ 시계 （　　　）（　　　　）（　　　　）
　　[ʃig(w)e シゲ] 時計

⑤ 휴가 （　　　）（　　　　）（　　　　）
　　[hjuga ヒュガ] 休暇

⑥ 기류 （　　　）（　　　　）（　　　　）
　　[kirju キリュ] 気流

⑦ 보류 （　　　）（　　　　）（　　　　）
　　[porju ポリュ] 保留

⑧ 교사 （　　　）（　　　　）（　　　　）
　　[kjosa キョサ] 教師、教唆

⑨ 유효 （　　　）（　　　　）（　　　　）
　　[juhjo ユヒョ] 有効

⑩ 여자 （　　　）（　　　　）（　　　　）
　　[joʤa ヨジャ] 女子

⑪ 요구 （　　　）（　　　　）（　　　　）
　　[jogu ヨグ] 要求

下記は、基本子音とワ行の重母音との組み合わせを表にしたものですが、この表の音節もヤ行の場合と同じく使用頻度が低く、実際に使われない音節もあります。

表2　基本子音×ワ行の重母音

	k/g ㄱ	n ㄴ	t/d ㄷ	r ㄹ	m ㅁ	p/b ㅂ	s/ʃ ㅅ	無音 ㅇ	tʃ/dʒ ㅈ	h ㅎ
ㅘ wa ワ	과 kwa クワ	놔 nwa ヌワ	돠 twa トワ	롸 rwa ルワ	뫄 mwa ムワ	봐 pwa プワ	솨 swa スワ	와 wa ワ	좌 tʃwa チュワ	화 hwa フワ
ㅟ wi ウィ	귀 kwi クィ	뉘 nwi ヌィ	뒤 twi トゥィ	뤼 rwi ルィ	뮈 mwi ムィ	뷔 pwi プィ	쉬 ʃ(w)i シュィ	위 wi ウィ	쥐 tʃwi チュィ	휘 hwi フィ
ㅢ ɰi ウィ	(긔) kɰi クィ	(늬) nɰi ヌィ	(듸) tɰi トゥィ	(릐) rɰi ルィ	(믜) mɰi ムィ	(븨) pɰi プィ	(싀) sɰi スィ	의 ɰi ウィ	(즤) tʃɰi チュィ	희 hi ヒ
ㅙ wɛ ウェ	괘 kwɛ クェ	놰 nwɛ ヌェ	돼 twɛ トェ	뢔 rwɛ ルェ	뫠 mwɛ ムェ	봬 pwɛ プェ	쇄 swɛ スェ	왜 wɛ ウェ	좨 tʃwɛ チュェ	홰 hwɛ フェ
ㅞ we ウェ	궤 kwe クェ	눼 nwe ヌェ	뒈 twe トェ	뤠 rwe ルェ	뭬 mwe ムェ	붸 pwe プェ	쉐 swe スェ	웨 we ウェ	줴 tʃwe チュェ	훼 hwe フェ
ㅚ we ウェ	괴 kwe クェ	뇌 nwe ヌェ	되 twe トェ	뢰 rwe ルェ	뫼 mwe ムェ	뵈 pwe プェ	쇠 swe スェ	외 we ウェ	죄 tʃwe チュェ	회 hwe フェ
ㅝ wɔ ウォ	궈 kwɔ クォ	눠 nwɔ ヌォ	둬 twɔ トゥォ	뤄 rwɔ ルォ	뭐 mwɔ ムォ	붜 pwɔ プォ	숴 swɔ スォ	워 wɔ ウォ	줘 tʃwɔ チュォ	훠 hwɔ フォ

＊上記の全音節は、会話で前母音「w/ɰ」の弱化が目立ちます（→第6課の10.で詳述）。なお、쉬 [swi] は、[w] が弱化すると口蓋音化して [ʃ(w)i] と発音され、시 [ʃi] のように聴こえることがあります。

＊（　）は現代韓国語にない音節です。

4. CD で次の単語の発音をよく聴きながら発音の練習を行ってください。その後、( ) に書いてみましょう。

① 과자 (　　　) (　　　　) (　　　　)
　[kwadʑa クゥジャ] お菓子

② 교과서 (　　　　) (　　　　) (　　　　)
　[kjogwasɔ キョグヮソ] 教科書

③ 귀 (　　　　) (　　　　) (　　　　)
　[kwi クィ] 耳

④ 뇌리 (　　　　) (　　　　) (　　　　)
　[nweri ヌェリ] 脳裏

⑤ 뒤 (　　　　) (　　　　) (　　　　)
　[twi トゥィ] 後ろ

⑥ 돼지 (　　　　) (　　　　) (　　　　)
　[twɛdʑi トェジ] 豚

⑦ 뭐 (　　　　) (　　　　) (　　　　)
　[mwɔ ムォ] 何

⑧ 쇠 (　　　　) (　　　　) (　　　　)
　[swe スェ] 鉄

⑨ 의사 (　　　　) (　　　　) (　　　　)
　[ɯisa ウィサ] 医師、意思

⑩ 쥐 (　　　　) (　　　　) (　　　　)
　[tɕwi チュィ] 鼠

⑪ 회사 (　　　　) (　　　　) (　　　　)
　[hwesa フェサ] 会社

2 激音

基本子音のうち、「ㄱ・ㄷ・ㅂ・ㅅ・ㅈ」は「平音」と呼んでいますが、「ㅅ」を除いた「ㄱ・ㄷ・ㅂ・ㅈ」は下記のようにそれぞれの激音があります。平音をもとにして創りましたので字形も平音とよく似ています。「ㅍ」を除いては平音字に1画ずつ加えた形です。

平音	ㄱ	ㄷ	ㅂ	ㅅ	ㅈ
	[k/g]	[t/d]	[p/b]	[s/ʃ]	[ʧ/ʤ]
激音	ㅋ	ㅌ	ㅍ		ㅊ
	[kʰ]	[tʰ]	[pʰ]		[ʧʰ]

激音とは有気音のことです。平音と共に**強い息（h音）を吐き出しながら発音します。**

なお、語中・語尾でも平音のように有声音になることはなく、**いつも無声音（清音）でしか発音されません。**

参考までに、日本語ではごく限られた時に語頭で強い有気音を発することがありますが、下記のような発音（「**か**」と「**ぱ**」）はまさに激音なのです。
例：頭に**か**ーっときた。
　　（コンパなどで）きょうは元気よく**ぱ**ーっといこうぜ！

CD 21 母音「ㅏ」を付けて（平音1回、激音2回の順で）発音しますのでよく聴き、まねして発音してください。

平音	가	다	바	자
	[ka]	[ta]	[pa]	[ʧa]
激音	카	타	파	차
	[kʰa]	[tʰa]	[pʰa]	[ʧʰa]

第3課　子音

* 口元から2～3センチ離れたところに紙（約5cm×15cm）を持ってきて、正しく激音を発すれば紙が前方へ吹き飛ばされます。平音の場合は「바」を除いては紙が揺れる程度ですので良い比較材料になります。「바」はかなり揺れますが、「파」と比べれば一目瞭然です。

CD22 発音をよく聴いて正しいと思われる文字をCD21から選び、ハングルで書いてください。

① ② ③ ④ ⑤ ⑥ ⑦ ⑧

CD23 激音と単母音を組み合わせて表にすると下記のようになります。

表3 激音×単母音

	k^h ㅋ	t^h ㅌ	p^h ㅍ	$tʃ^h$ ㅊ
ㅏ a	카 k^ha	타 t^ha	파 p^ha	차 $tʃ^ha$
ㅣ i	키 k^hi	티 t^hi	피 p^hi	치 $tʃ^hi$
ㅜ u	쿠 k^hu	투 t^hu	푸 p^hu	추 $tʃ^hu$
ㅡ $ɯ$	크 $k^hɯ$	트 $t^hɯ$	프 $p^hɯ$	츠 $tʃ^hɯ$
ㅔ e	케 k^he	테 t^he	페 p^he	체 $tʃ^he$
ㅐ $ɛ$	캐 $k^hɛ$	태 $t^hɛ$	패 $p^hɛ$	채 $tʃ^hɛ$
ㅗ o	코 k^ho	토 t^ho	포 p^ho	초 $tʃ^ho$
ㅓ $ɔ$	커 $k^hɔ$	터 $t^hɔ$	퍼 $p^hɔ$	처 $tʃ^hɔ$

5. **CD 24** CDで次の単語の発音をよく聴きながら発音の練習を行ってください。その後、( )に書いてみましょう。

① 키 (　　　) (　　　) (　　　)
　　[kʰi キ] 背丈

② 코 (　　　) (　　　) (　　　)
　　[kʰo コ] 鼻

③ 사투리 (　　　) (　　　) (　　　)
　　[satʰuri サトゥリ] 訛り

④ 표 (　　　) (　　　) (　　　)
　　[pʰjo ピョ] 切符、表

⑤ 우표 (　　　) (　　　) (　　　)
　　[upʰjo ウピョ] 切手

⑥ 피 (　　　) (　　　) (　　　)
　　[pʰi ピ] 血

⑦ 코피 (　　　) (　　　) (　　　)
　　[kʰopʰi コピ] 鼻血

⑧ 커피 (　　　) (　　　) (　　　)
　　[kʰɔpʰi コピ] コーヒー

⑨ 차 (　　　) (　　　) (　　　)
　　[tʃʰa チャ] 車、茶

⑩ 치료 (　　　) (　　　) (　　　)
　　[tʃʰirjo チリョ] 治療

⑪ 고추 (　　　) (　　　) (　　　)
　　[kotʃʰu コチュ] 唐辛子

3 濃音

濃音は5つあります。平音字を2つ横に並べた形です。

平音	ㄱ	ㄷ	ㅂ	ㅅ	ㅈ
	[k/g]	[t/d]	[p/b]	[s/ʃ]	[ʧ/ʤ]
濃音	ㄲ	ㄸ	ㅃ	ㅆ	ㅉ
	[ʔk]	[ʔt]	[ʔp]	[ʔs/ʔʃ]	[ʔʧ]

濃音は声門の緊張を伴う無声無気音です。発音の要領は、**声門（のど）をしめつけるようにし、緊張させて発音しますが、その際、けっして息を口の外に出してはいけません。** なお、濃音も激音と同様に語中・語尾で有声音になることはありません。

参考までに、日本語における、下記のようにつまる音「っ」に続く清音は音声的に濃音に限りなく近い音です。

例. はっ**か**　はっ**た**　はっ**ぱ**　あっ**さ**り　うっ**ちゃ**り

つまり、**平音の前に「っ」を付けたつもりで発音すればよいのです。** なお、濃音に付いている母音を発音する際、すばやく母音を発音すると濃音になりやすいといわれます。

CD 25

母音「ㅏ」を付けて（平音1回、濃音2回の順で）発音しますのでよく聴き、まねして発音してください。（母音「ㅏ」をすばやく発音）

平音	가	다	바	사	자
	[ka]	[ta]	[pa]	[sa]	[ʧa]
濃音	까	따	빠	싸	짜
	[ʔka]	[ʔta]	[ʔpa]	[ʔsa]	[ʔʧa]

＊濃音の場合、口元に紙を持ってきて発音すると紙はほとんど揺れません。「ㅃ」だけが多少揺れる程度です。

CD26 発音をよく聴いて正しいと思われる文字をCD25から選び、ハングルで書いてください。

① ② ③ ④ ⑤

⑥ ⑦ ⑧ ⑨ ⑩

CD27 濃音と単母音を組み合わせて表にすると下記のようになります。

表4 濃音×単母音

	ʔk ㄲ	ʔt ㄸ	ʔp ㅃ	ʔs/ʃ ㅆ	ʔʧ ㅉ
ㅏ a	까 ʔka	따 ʔta	빠 ʔpa	싸 ʔsa	짜 ʔʧa
ㅣ i	끼 ʔki	띠 ʔti	삐 ʔpi	씨 ʔʃi	찌 ʔʧi
ㅜ u	꾸 ʔku	뚜 ʔtu	뿌 ʔpu	쑤 ʔsu	쭈 ʔʧu
ㅡ ɯ	끄 ʔkɯ	뜨 ʔtɯ	쁘 ʔpɯ	쓰 ʔsɯ	쯔 ʔʧɯ
ㅔ e	께 ʔke	떼 ʔte	뻬 ʔpe	쎄 ʔse	쩨 ʔʧe
ㅐ ɛ	깨 ʔkɛ	때 ʔtɛ	빼 ʔpɛ	쌔 ʔsɛ	째 ʔʧɛ
ㅗ o	꼬 ʔko	또 ʔto	뽀 ʔpo	쏘 ʔso	쪼 ʔʧo
ㅓ ɔ	꺼 ʔkɔ	떠 ʔtɔ	뻐 ʔpɔ	써 ʔsɔ	쩌 ʔʧɔ

第3課 子音

6. **CD 28** CDで次の単語の発音をよく聴きながら発音の練習を行ってください。その後、（ ）に書いてみましょう。

① 꼬마 （　　　）（　　　）（　　　）
　　[ˀkoma コマ] ちびっこ

② 아까 （　　　）（　　　）（　　　）
　　[aˀka アッカ] さっき

③ 보따리 （　　　）（　　　）（　　　）
　　[poˀtari ポッタリ] ふろしきづつみ

④ 또 （　　　）（　　　）（　　　）
　　[ˀto ト] また

⑤ 때 （　　　）（　　　）（　　　）
　　[ˀtɛ テ] 時

⑥ 오빠 （　　　）（　　　）（　　　）
　　[oˀpa オッパ] 兄（妹から見た時の）

⑦ 뽀뽀 （　　　）（　　　）（　　　）
　　[ˀpoˀpo ポッポ] 口づけ

⑧ 싸다 （　　　）（　　　）（　　　）
　　[ˀsada サダ] 安い

⑨ 아저씨 （　　　）（　　　）（　　　）
　　[adʑoˀʃi アジョッシ] おじさん

⑩ 가짜 （　　　）（　　　）（　　　）
　　[kaˀtɕa カッチャ] 偽物

⑪ 찌개 （　　　）（　　　）（　　　）
　　[ˀtɕigɛ チゲ] チゲなべ

子音の3グループ

CD 29

平音、激音、濃音の順で発音します。よく聴き、まねして発音してください。

平音	가	다	바	사	자
	[ka/ga]	[ta/da]	[pa/ba]	[sa]	[tʃa/dʒa]

激音	카	타	파		차
	[kʰa]	[tʰa]	[pʰa]		[tʃʰa]

濃音	까	따	빠	싸	짜
	[ʔka]	[ʔta]	[ʔpa]	[ʔsa]	[ʔtʃa]

CD 30

発音をよく聴いて正しいと思われる単語を解答欄にハングルで書いてください。

A.

平音	激音	濃音	解答欄
가다 (行く)		까다 (むく)	①
고리 (高利)		꼬리 (しっぽ)	②
개 (犬)		깨 (ごま)	③
가치 (価値)		까치 (かささぎ)	④
기 (気)	키 (背丈)	끼 (悪い気運)	⑤ a.　　b.
개다 (晴れる)	캐다 (掘る)	깨다 (覚める)	⑥ a.　　b.
	크다 (大きい)	끄다 (消す)	⑦

第3課　子音

B.

平音	激音	濃音	解答欄
대 (大)	태 (太)	때 (時)	① a.　　b.
디 (D)	티 (T、tea)	띠 (帯)	② a.　　b.
	타다 (乗る)	따다 (摘む)	③
	토하다 (吐く)	또 하다 (再びする)	④

C.

平音	激音	濃音	解答欄
비 (雨)	피 (血)		①
벼 (稲)		뼈 (骨)	②
바르다 (正しい)		빠르다 (速い)	③
부르다 (呼ぶ)		푸르다 (青い)	④
배다 (孕む)	패다 (なぐる)	빼다 (引く)	⑤ a.　　b.

D.

平音	激音	濃音	解答欄
사다 (買う)		싸다 (安い)	①
서！(止まれ)		써！(書け)	②
시 (詩)		씨 (種)	③

E.

平音	激音	濃音	解答欄
자다 (寝る)	차다 (冷たい)	짜다 (塩辛い)	① a. b.
지다 (散る)	치다 (打つ)	찌다 (蒸す)	② a. b.
가자 (行こう)	가차 (容赦)	가짜 (偽物)	③ a. b.
기자 (記者)	기차 (汽車)		④
재우다 (寝かす)	채우다 (詰める)		⑤
저 (私)	처 (妻)		⑥
저리 (あっち)	처리 (処理)		⑦

第3課 子音

＊子音順

　子音順は下記のように「ㄱ（ㄲ）、ㄴ、ㄷ、…、ㅎ」となります。濃音順は、基の平音のあとと決っていますので、通常は子音順に入れてカウントしません。辞書などを引く時にお使いください。（→巻末の反切表を参照）

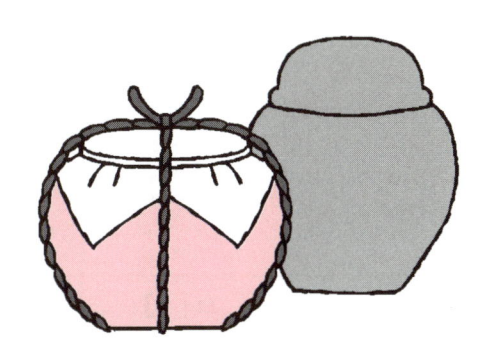

ㄱ（ㄲ）　ㄴ　ㄷ（ㄸ）　ㄹ　ㅁ
ㅂ（ㅃ）　ㅅ（ㅆ）　ㅇ　ㅈ（ㅉ）
ㅊ　ㅋ　ㅌ　ㅍ　ㅎ

第4課 終声（パッチム）

　終声とは、第1課で述べたように音節末に現れる子音のことをいいますが、一般的には「받침 [patt͡ɕʰim パッチㇺ]」といいます。日本では一般的に「パッチム」といわれているものです。いままでは、「(子音)＋母音」からなる音節について学習をしてきましたが、ここでは終声が加わった「(子音)＋母音＋子音」からなる音節の発音について学習をします。終声は、その音節の下部に書くことになっています。たとえば、받침の받の下部の「ㄷ」と침の下部の「ㅁ」が終声なのです。

1 終音の発音

　終声には理論的にはすべての子音がくることができます。しかし、発音としては、7つの音に絞られます。まず、終声では「平音・激音・濃音」といった区別はなくなり、すべて平音で発音されます。

　なお、「ㄷ類（ㄷ・ㅌ・ㄸ）、ㅅ類（ㅅ・ㅆ）、ㅈ類（ㅈ・ㅊ・ㅉ）」と「ㅎ」は終声では全部［ㄷ］で発音されます。終声での発音をまとめると下記のようになります。

表5　終声音

終声	発音	終声	発音
ㄱ・ㅋ・ㄲ	ㄱ [-k]	ㅇ	ㅇ [-ŋ]
ㄷ・ㅌ・(ㄸ) ㅅ・ㅆ ㅈ・ㅊ・(ㅉ) ㅎ	ㄷ [-t]	ㄴ	ㄴ [-n]
ㅂ・ㅍ・(ㅃ)	ㅂ [-p]	ㅁ	ㅁ [-m]
		ㄹ	ㄹ [-l]

第4課 終声（パッチム）

* 「ㅇ」は、初声では音価のない「ゼロ子音」でしたが、終声では [-ŋ]（ガ行の鼻濁音）で発音されます。
* （ ）内の「ㄸ、ㅉ、ㅃ」は実際には終声に表れません。

CD 31 便宜上、「아」に7つの終声音を付けて説明をします。

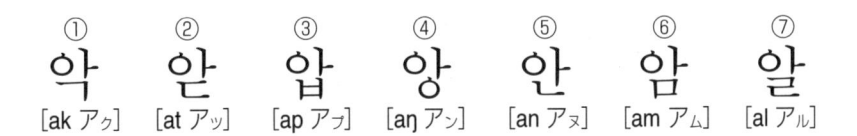

①	②	③	④	⑤	⑥	⑦
악	안	압	앙	안	암	알
[ak アㇰ]	[at アッ]	[ap アㇷ]	[aŋ アン]	[an アヌ]	[am アㇺ]	[al アㇽ]

① 악 [ak アㇰ]　舌を奥に引っ込めて詰まらせます。口から息がもれて「- ク」とならないように注意してください。「**アッカ**」というつもりで「- カ」を発音しなければ [악] という音になります。

② 안 [at アッ]　舌先を上歯の歯茎の裏側にしっかり付けて詰まらせます。「**アッタ**」というつもりで「- タ」を発音しなければ [앋] になります。

③ 압 [ap アㇷ]　唇を結びながら詰まらせます。口から息がもれて「- プ」とならないようにしてください。「**アップ**」というつもりで「- プ」を発音しなければ [압] になります。

④ 앙 [aŋ アン]　①のように舌を奥に引っ込めて「ŋ」を発音します。「**アンカ**」というつもりで「- カ」を発音しなければ [앙] になります。

⑤ 안 [an アヌ]　②のように舌先を上歯の歯茎の裏側にしっかり付けて「n」を発音します。発音が終わるまで歯茎に付けていた舌先を離さないのがポイントです。「アヌ」と発音しないように注意してください。「**アンナ**」というつもりで「- ナ」をいわなければ [안] になります。

⑥ 암
[am アㇺ]
③のように唇を結びながら「m」を発音します。発音が終わるまで閉じた唇を開けないのがポイントです。これも「アム」と発音しないようにすることです。「**アンマ**」というつもりで「-マ」をいわなければ［암］になります。

⑦ 알
[al アㇽ]
舌先を上歯の歯茎の奥に軽くあてて「l」を発音しますが、⑤と同じく歯茎に付けていた舌先は離しません。これも「アル」と発音しないようにしてください。「**アッラー**」というつもりで「-ラー」をいわない、発音練習を繰り返せば［알］という発音ができるようになります。

　上記のフリガナ「アㇰ・アッ・アㇷ゚・アン・アㇴ・アㇺ・アㇽ」で発音してもまあまあ通じますが、重要なのは終声までの発音を（アク・アプ…のように）2拍とって発音しないことです。手短に**1拍の長さで発音**すれば結構通用します。
　なお、①-ㄱ[-k]と④-ㅇ[-ŋ]、②-ㄷ[-t]と⑤-ㄴ[-n]、③-ㅂ[-p]と⑥-ㅁ[-m]の発音の要領はそれぞれほとんど同じです。違いは、④-ㅇ[-ŋ]、⑤-ㄴ[-n]、⑥-ㅁ[-m]が鼻音（鼻にぬける音）であること、1点だけです。
　ちなみに、①-ㄱ[-k]の鼻音は④-ㅇ[-ŋ]、②-ㄷ[-t]の鼻音は⑤-ㄴ[-n]、③-ㅂ[-p]の鼻音は⑥-ㅁ[-m]です。覚えておきましょう。「第6課の7.鼻音化」の学習に役立ちます。

🎧CD32 次の発音をよく聴き、まねして発音してください。

①밖 [pak パㇰ] 外　　②밭 [pat パッ] 畑　　③밥 [pap パㇷ゚] ご飯
④방 [paŋ パン] 部屋　⑤반 [pan パㇴ] 半　　⑥밤 [pam パㇺ] 夜
⑦발 [pal パㇽ] 足

第4課　終声（パッチム）

CD33

発音をよく聴いて正しいと思われる単語を**CD32**から選び、番号を書いてください。

① ② ③ ④ ⑤ ⑥ ⑦

⑧ ⑨ ⑩ ⑪ ⑫ ⑬ ⑭

発音アドバイス1

語中・語尾の初音声平音「ㄱ・ㄷ・ㅂ・ㅅ・ㅈ」は、有声音（濁音。ただしㅅを除く）もしくは濃音で発音されます。

図3　音節の続き

語頭（第1音節）　　語中（第2音節以下）　　語中…　　語尾（最後の音節）

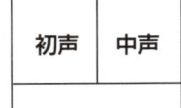

初声	中声
終声	

1音節（1文字）

初声(平音)	中声
終声	

…

初声(平音)	中声
終声	

←――――「一続き（ひとつづき）」で発音する1単語/音節/文――――→

① 前の音節に**終声がない時、後続平音は有声音**で発音される。（ごく一部の慣用読みを除く）

아가 [aga アガ] 赤ちゃん
　＊아に終声がないので、後続の가の発音は [ka] ではなく有声音（濁音）の [ga] になります。

아버지 [abɔdʑi アボジ] 父
　＊아に終声がないので、後続の버の発音は [pɔ] ではなく有声音の [bɔ] になります。さらに、버にも終声がないので後続の지は [tɕi] ではなく有声音の [dʑi] になります。

지도 [tɕido チド] 地図
　＊지に終声がないので後続の도の発音は [to] ではなく有声音の [do] となります。

② 前の音節に終声がある時は、終声音が [-ㄱ] [-ㄷ] [-ㅂ] の場合(類音のㅋ・ㄲ、ㅌ、ㅍを含む)と [-ㅇ] [-ㄴ] [-ㅁ] [-ㄹ] の場合で分かれます。**[-ㄱ] [-ㄷ] [-ㅂ]** の場合は、後続平音はすべて**濃音で発音**されます。(終音ㅎに続く平音は激音で発音されますが、これについては「第6課の5、(2)」で詳述します)

악기 [악끼 akʔki アッキ] 楽器
　＊악の終声はㄱなので、後続の기の発音は [ki] ではなく、[끼 ʔki] になります。

같다 [갇따 katʔta カッタ] 同じだ
　＊같の終声はㅌなので、後続の다の発音は [ta] でなく [따 ʔta] になります。

잡비 [잡삐 tɕapʔpi チャッピ] 雑費
　＊잡の終声はㅂなので、後続の비の発音は [pi] でなく [삐 ʔpi] になります。

[-ㅇ] [-ㄴ] [-ㅁ] [-ㄹ] の場合だと濃音で発音される語も一部ありますが、大概は有声音で発音されます。

第4課 終声（パッチム）

공기 [koŋgi コンギ] 空気
　＊공の終声はㅇなので、後続の기の発音は [ki] でなく [gi] になります。

반대 [pandɛ パンデ] 反対
　＊반の終声はㄴなので、後続の대の発音は [tɛ] でなく [dɛ] になります。

남부 [nambu ナンブ] 南部
　＊남の終声はㅁなので、後続の부の発音は [pu] でなく [bu] になります。

갈비 [kalbi カルビ] カルビ
　＊갈비の終声はㄹなので、後続の비の発音は [pi] でなく [bi] になります。

発音アドバイス2

日本人にとっての終声の発音の注意点

（1）初歩段階においての注意点

① 終声を「-ク・-プ・-ヌ・-ム・-ル」のように、終声子音のあとに母音［ɯ］を付けて発音するクセがあります。これは、先述したように息をもらさないこと、閉じた唇を開けないこと、あるいは歯茎の裏や奥に付けた舌を離さないことを守って、1拍の長さで発音すれば直ります。

②「-ㅇ」と「-ㄴ」が区別できなくて適当に「ン」で発音してしまうことがありますが、これは、舌をしっかり奥に引っ込める（口を大きく開けると引っ込みやすい）、もしくは舌先を歯茎の裏にしっかり付けて発音すれば段々区別の付いた良い発音になってきます。

③ 一定期間の学習を通して終声の発音が何とかできるようになってくるのですが、油断して「-ㄱ・-ㄷ・-ㅂ」を一括して「ッ」で発音したり、「-ㅇ・-ㄴ・-ㅁ」を一括して「ン」で発音したりすることがあります。初歩段階では発音の要領をしっかり守り、気を抜かずに励んでもらいたいと思います。

(2) 初歩段階を過ぎ、終声の発音ができるようになってからの注意点
　学習が進むにつれ、終声で発音が終わる語か、あるいは終声のあとの後続音が終声と同類の子音である語は比較的すぐにかなり正確に発音できるようになります。下記例を参照してください。なお、後続音が終声音と同類の場合は、終声音を「ッ」もしくは「ン」で発音しても自然に後続音に同化した、正しい終声音に変わります。

＊同類の子音とは？
調音点（発音する時の舌の位置や唇・声門など）が同じか、近い子音のことをいいます。
① 平音・激音・濃音とその鼻音は調音点が同じです。
　ㄱ類（ㄱ・ㅋ・ㄲ）と鼻音ㅇ、ㄷ類（ㄷ・ㅌ・ㄸ）と鼻音ㄴ、ㅂ類（ㅂ・ㅍ・ㅃ）と鼻音ㅁ、ㅅ類（ㅅ・ㅆ）と鼻音ㄴ、ㅈ類（ㅈ・ㅊ・ㅉ）と鼻音ㄴ。
　（ㅅ類とㅈ類の終声音は [t] なのでその鼻音はㄴ [n] となります）
② ㄷ類・ㅅ類・ㅈ類は調音点が近い子音同士です。

국 [kuk クㇰ] 汁物　　밭 [pat パッ] 畑　　밥 [pap パㇷ゚] ご飯
공 [koŋ コン] ボール　산 [san サヌ] 山　　남 [nam ナム] 他人
발 [pal パル] 足
악기 (ㄱ-ㄱ) [akʔki アッキ] 楽器
받자 (ㄷ-ㅈ) [patʔʧa パッチャ] もらおう
잡비 (ㅂ-ㅂ) [ʧapʔpi チャッピ] 雑費
공기 (ㅇ-ㄱ) [koŋgi コンギ] 空気
반대 (ㄴ-ㄷ) [pandɛ パンデ] 反対
남부 (ㅁ-ㅂ) [nambu ナンブ] 南部

　しかし、終声のあとの後続音が同類の子音でない場合は、終声音を誤って発音してしまいがちなのです。これは、母語である日本語の「ッ」と「ン」からの発音の干渉（後続音への同化）によるものですが、特に次のような語の終声音の誤用は別の意味になってしまうので要注意です。

間違えやすい例

박자 (ㄱ - ㅈ) [pakʔtʃa パクチャ] 拍子 → 받자 (ㄷ - ㅈ) [patʔtʃa パッチャ] もらおう
줍기 (ㅂ - ㄱ) [tʃupʔki チュㇷ゚キ] 拾うこと → 죽기 (ㄱ - ㄱ) [tʃukʔki チュッキ] 死ぬこと
방대 (ㅇ - ㄷ) [paŋdɛ パンデ] 厖大(膨大) → 반대 (ㄴ - ㄷ) [pandɛ パンデ] 反対
남자 (ㅁ - ㅈ) [namdʒa ナムジャ] 男子 → 난자 (ㄴ - ㅈ) [nandʒa ナンジャ] 卵子

　上記のような誤用を防ぐためには、終声を発音する時に、後続音の影響を受けないようにすることが肝心です。初期段階では終声音と後続音との間に**短いポーズを入れて発音すると有効**です。それからは後続音の影響を受けない範囲で、徐々に発音のスピードを上げていく練習を繰り返すことです。

練習

1. CD36　CDから次の単語の発音をよく聴き取り、**発音アドバイス1と2**を参考にして終声の発音をしっかり練習してください。その後、（　）にハングルで書いてみましょう。

(1) [-ㄱ]
① 미국 [miguk ミグㇰ] 米国（　　　　　）
② 책　 [tʃʰɛk チェㇰ] 本（　　　　　）
③ 국가 [kukʔka クッカ] 国家（　　　　　）
④ 학교 [hakʔkjo ハッキョ] 学校（　　　　　）
⑤ 악수 [akʔsu アㇰス] 握手（　　　　　）
⑥ 독서 [tokʔsɔ トㇰソ] 読書（　　　　　）
⑦ 작다 [tʃakʔta チャㇰタ] 小さい（　　　　　）
⑧ 맥주 [mɛkʔtʃu メㇰチュ] ビール（　　　　　）
⑨ 학비 [hakʔpi ハㇰピ] 学費（　　　　　）
⑩ 택배 [tʰɛkʔpɛ テㇰペ] 宅配（　　　　　）

(2) [-ㄷ]

① 꽃　　[ˀkot コッ] 花（　　　　　　）
② 맛　　[mat マッ] 味（　　　　　　）
③ 같다　[katˀta カッタ] 同じだ（　　　　　　）
④ 멋지다　[motˀʧida モッチダ] 格好いい（　　　　　　）
⑤ 꽃가게　[kotˀkage/kokˀkage コッカゲ] 花屋（　　　　　　）
⑥ 맛보기　[matˀpogi/mapˀpogi マッポギ] 味見（　　　　　　）

＊[-ㄷ] の場合は、[-ㄷ] 以外にも後続子音に同化した終声音も認められます。上記の「꽃가게」「맛보기」は、終声音[-ㄷ] を意識して発音すると [꼳-][맏-] となりますが、意識しないで発音すると [꼭-][맙-] のように後続子音(「-가게の -가のㄱ」「-보기のㅂ」) に同化した音になります。

(3) [-ㅂ]

① 집　　[ʧip チㇷ゚] 家（　　　　　　）
② 입　　[ip イㇷ゚] 口（　　　　　　）
③ 잡비　[ʧapˀpi チャッピ] 雑費（　　　　　　）
④ 납부　[napˀpu ナッㇷ゚] 納付（　　　　　　）
⑤ 입구　[ipˀku イㇷ゚ク] 入り口（　　　　　　）
⑥ 합계　[hapˀk(j)e ハㇷ゚ケ] 合計（　　　　　　）
⑦ 엽서　[jopˀsɔ ヨㇷ゚ソ] 葉書（　　　　　　）
⑧ 집세　[ʧipˀse チㇷ゚セ] 家賃（　　　　　　）
⑨ 입주　[ipˀʧu イㇷ゚チュ] 入居（　　　　　　）
⑩ 합치다　[hapʧida ハㇷ゚チダ] 合せる（　　　　　　）

(4) [-ㅇ]

① 사랑　[saraŋ サラㇴ] 愛、恋（　　　　　　）
② 여행　[johɛŋ ヨヘㇴ] 旅行（　　　　　　）
③ 항구　[haŋgu ハㇴグ] 港口（　　　　　　）
④ 공해　[koŋhɛ コㇴヘ] 公害（　　　　　　）
⑤ 동네　[doŋne トㇴネ] 町（　　　　　　）

第4課 終声（パッチム）

⑥ 강도 [kaŋdo カンド] 強盗（　　　　　　）
⑦ 경제 [kjoŋdʑe キョンジェ] 経済（　　　　　）
⑧ 공짜 [koŋʔʑa コンチャ] ただ（　　　　　）
⑨ 홍수 [hoŋsu ホンス] 洪水（　　　　　）
⑩ 강사 [kaŋsa カンサ] 講師（　　　　　）
⑪ 생모 [sɛŋmo センモ] 生母（　　　　　）
⑫ 장마 [tɕaŋma チャンマ] 梅雨（　　　　　）
⑬ 공부 [koŋbu コンブ] 勉強（　　　　　）
⑭ 정보 [tɕɔŋbo チョンボ] 情報（　　　　　）

(5) [-ㄴ]
① 시간 [ʃigan シガㇴ] 時間（　　　　　）
② 주문 [tɕumun チュムㇴ] 注文（　　　　　）
③ 만나다 [mannada マンナダ] 会う（　　　　　）
④ 군대 [kundɛ クンデ] 軍隊（　　　　　）
⑤ 혼자 [hondʑa ホンジャ] 一人（　　　　　）
⑥ 인사 [insa インサ] あいさつ、人事（　　　　　）
⑦ 전기 [tɕɔngi/tɕɔŋgi チョンギ / チョンギ] 電気、伝記（　　　　　）
⑧ 안부 [anbu/ambu アンブ / アンブ] 安否（　　　　　）

＊ [-ㄷ] の鼻音である [-ㄴ] も、後続子音の鼻音に同化した終声音が認められます。上記の「전기」「안부」は、終声音 [-ㄴ] を意識すると [전-][안-] と発音しますが、意識しないと [정-][암-] のように後続子音（「-기」の ㄱ」「-부の ㅂ」）に同化した鼻音（「-ㅇ」「-ㅁ」）になります。

(6) [-ㅁ]
① 봄 [pom ポㅁ] 春（　　　　　）
② 사람 [saram サラㅁ] 人（　　　　　）
③ 음모 [ɯmmo ウンモ] 陰謀（　　　　　）
④ 담배 [tambɛ タンベ] タバコ（　　　　　）
⑤ 감기 [kamgi カㅁギ] 風邪（　　　　　）

⑥ 금고 [kɯmgo クムゴ] 金庫（　　　　　）
⑦ 금니 [kɯmni クムニ] 金歯（　　　　　）
⑧ 검토 [kɔmtʰo コムト] 検討（　　　　　）
⑨ 금지 [kɯmdʑi クムジ] 禁止（　　　　　）
⑩ 남자 [namdʑa ナムジャ] 男子（　　　　　）
⑪ 암수 [amsu アムス] 雌雄（　　　　　）
⑫ 감사 [kamsa カムサ] 感謝（　　　　　）

(7) [-ㄹ]
① 길 [kil キル] 道（　　　　　）
② 날씨 [nalʔʃi ナルシ] 天気（　　　　　）
③ 달 [tal タル] 月（　　　　　）
④ 돌 [tol トル] 石（　　　　　）
⑤ 말 [mal マル] 言葉、馬（　　　　　）
⑥ 물 [mul ムル] 水（　　　　　）
⑦ 발 [pal パル] 足（　　　　　）
⑧ 팔 [pʰal パル] 腕（　　　　　）
⑨ 일 [il イル] 仕事（　　　　　）
⑩ 얼굴 [ɔlgul オルグル] 顔（　　　　　）

2 複子音終声の発音

　終声には異なる子音2つがくることもあります。これを複子音終声といいます。全部で11個ありますが、その発音は、母音が後続しない時は2つの子音のうち、いずれか1つだけが発音され、もう1つはサイレント（無音）になります。母音が後続する時は、連音して2つの子音とも発音されることになりますが、これについては「第6課の3. 連音」で後述します。

　ここでは便宜上、複子音終声の左側の子音を「第1子音」、右側の子音を「第2子音」と呼ぶことにします。複子音終声11個とその発音を表にすると下記のようになります。第1子音を発音するのが8つ、第2子音を発音するのが3つあります。

表6　複子音終声音

第1子音を発音		第2子音を発音	
複子音終声	発音	複子音終声	発音
ㄱㅅ	-ㄱ [-k]	ㄹㄱ	-ㄱ [-k]
ㅂㅅ	-ㅂ [-p]	ㄹㅁ	-ㅁ [-m]
ㄴㅈ	-ㄴ [-n]	ㄹㅍ	-ㅍ（ㅂ）[-p]
ㄴㅎ	-ㄴ [-n]		
ㄹㅂ	-ㄹ [-l]		
ㄹㅅ	-ㄹ [-l]		
ㄹㅌ	-ㄹ [-l]		
ㄹㅎ	-ㄹ [-l]		

＊「ㄹㅂ」語の内、右側の第2子音「-ㅂ [-p]」で発音する語があります。「밟다（踏む）・넓적하다（平たい）・넓죽하다（長めに広い）」などです。

＊「ㄹㄱ」は、次音節の初声に、第2子音「-ㄱ [-k]」と同音が続くと、第1子音「-ㄹ [-l]」が終声音となり、次音節の初声は濃音「ㄲ」で発音されます。

例　읽기 [일끼] 読むこと 읽고 [일꼬] 読んで 읽거든 [일꺼든] 読んだら
また「ㄹㄱ」の後に、接辞「-히」が後続する時も終声音は「-ㄹ」となります。
(→第6課の5.激音化の上級用（1）で後述)

練習

次の複子音終声の単語は第1、第2子音のいずれで発音するのか、まずマークを付け、その後、CDの発音に続いて発音の練習をしてください。

① 넋 [nɔk ノㇰ] たましい
② 삯 [sak サㇰ] 賃金
③ 값 [kap カㇷ゚] 値段
④ 없다 [ɔpʔta オㇷ゚タ] ない、いない
⑤ 앉다 [anʔta アンタ] 座る
⑥ 얹다 [ɔnʔta オンタ] 載せる
⑦ 많다 [mantʰa マンタ] 多い
⑧ 괜찮다 [k(w)ɛntʃʰantʰa ケンチャンタ] 大丈夫だ
　（→第6課の10.重母音の単母音化で後述）
⑨ 넓다 [nɔlʔta ノㇽタ] 広い
⑩ 짧다 [ʔtʃalʔta チャㇽタ] 短い
⑪ 돌 [tol トㇽ] 1周年
⑫ 외곬 [wegol ウェゴㇽ] 頑固一徹

第4課　終声（パッチム）

⑬ 핥다 [halʔta ハルタ] なめる
⑭ 훑어보다 [hulʔtɔboda フルトボダ] 大雑把に目を通す
⑮ 잃다 [iltʰa イルタ] 無くす
⑯ 옳다 [oltʰa オルタ] 正しい
⑰ 닭 [tak タㇰ] にわとり
⑱ 읽다 [ikʔta イㇰタ] 読む
⑲ 젊다 [tʃomʔta チョㇺタ] 若い
⑳ 닮다 [tamʔta タㇺタ] 似る
㉑ 읊다 [ɯpʔta ウㇷタ] 詠じる
㉒ 밟다 [papʔta パㇷタ] 踏む

*用言の基本形の語尾「-다」の発音は、⑦⑧⑮⑯のように第2子音が「-ㅎ[-h]」の場合は激音[-타]で発音され、それ以外の複子音終声のあとでは濃音[-따]で発音されます。
　ちなみに、単子音終声（終声が1つ）の場合の語尾「-다」の発音ですが、「-ㄹ[-l]」終声のあとでは有声音[-다 -da]で発音され、「-ㅎ[-h]」終声のあとでは激音[-타]で発音され、それ以外の終声のあとでは濃音[-따]で発音されます。（→第6課4. 濃音化で詳述）

CD 38 次の単語のうち複子音終声の単語には、第1、第2子音のいずれで発音するのか、まずマークを付けてください。その後、発音をよく聴き、正しいと思われるハングルを書いてください。

A　1. 밝다 (明るい)　2. 받다 (もらう)　3. 밟다 (踏む)
　　① (　　　　) ② (　　　　　　) ③ (　　　　　)

B　1. 닦다 (磨く)　2. 닫다 (閉める)　3. 닮다 (似る)　4. 달다 (甘い)
　　① (　　　　) ② (　　　　) ③ (　　　　) ④ (　　　　)

C　1. 읽다 (読む)　2. 있다 (ある、いる)　3. 입다 (着る)　4. 잃다 (無くす)
　　① (　　　　) ② (　　　　　　) ③ (　　　　) ④ (　　　　)

D　1. 얻다 (得る)　2. 없다 (ない、いない)　3. 얹다 (載せる)　4. 얼다 (凍る)
　　① (　　　　) ② (　　　　　　) ③ (　　　　) ④ (　　　　)

E　1. 넣다 (入れる)　2. 넓다 (広い)　3. 널다 (干す)
　　① (　　　　) ② (　　　　　　) ③ (　　　　　)

F　1. 작다 (小さい)　2. 잡다 (捕まえる)　3. 잘다 (細かい)　4. 잦다 (頻繁だ)
　　① (　　　　) ② (　　　　　　) ③ (　　　　) ④ (　　　　)

G　1. 녹다 (溶ける)　2. 놓다 (放す)　3. 높다 (高い)
　　① (　　　　) ② (　　　　　　) ③ (　　　　　)

第4課 終声（パッチム）

第5課 人名・地名のハングル表記

　この課では、日本人の名前や日本の地名をハングルでどう書くのかを学習します。

1. 母音
　一部の例外を除き、原則的に下記の母音を用います。

表7 母音のハングル表記

ア段	ト	イ段	ㅣ	ウ段	ㅜ	エ段	ㅔ	オ段	ㅗ
ヤ段	ㅑ			ユ段	ㅠ	イェ段	ㅖ	ヨ段	ㅛ
ワ段	와	ウィ段	ㅟ			ウェ段	웨	ウォ段	워

2. 子音
　(1) 清音と半濁音（パ行音）は、語頭では平音で、語中・語尾では激音で書き表します。

タナカ：다나카 [tanakʰa] 田中
ポロマイ：보로마이 [poromai] ポロマイ（岬）
アオキ：아오키 [aokʰi] 青木　　**ヤマモト**：야마모토 [jamamotʰo] 山本

＊語頭の半濁音は激音でも書きます。ポロマイは「포로마이」とも書きます。
＊語中語尾でうっかり平音で書かないように気を付けましょう。平音で書くと有声音（濁音）で発音されます。

（2）濁音は、語頭・語中・語尾を問わず平音で書き表します。

デガワ：데가와［tegawa］出川　　**ワタナベ**：와타나베［watʰanabe］渡辺
ババ：바바［paba］馬場　　　　　**ヨシダ**：요시다［joʃida］吉田

＊韓国語では、語頭に有声子音が立たないので語頭の濁音を書き表せません。
　よって、発音も無声子音（清音や半濁音）で発音されてしまいます。

3.「ン」

「ン」は「-ㄴ」で、「ッ」は「-ㅅ」で表す。「-ㄴ」や「-ㅅ」を先行音節の下部に終声として書きます。

カンダ：간다［kanda］神田　　　**バンダイ**：반다이［pandai］磐梯
サッポロ：삿포로［satʰporo/sappʰoro］札幌
ハットリ：핫토리［hattʰori］服部

4. 長母音

下記のような長母音（ー）は原則として表記しません。

トーキョー：도쿄［tokʰjo］東京　　**オータ**：오타［otʰa］太田
イーダバシ：이다바시［idabaʃi］飯田橋
ラガー：라가［raga］ラガー（ビール名）

5.「ス」

「ス」は「스」で、「ツ」は「쓰」で書き表し、なお「ズ（ヅ）」は「즈」で書き表します。

コスゲ：고스게 [kosɯge] 小管　　ヤエス：야에스 [jaesɯ] 八重洲
ツシマ：쓰시마 [s²ɯʃima] 対馬　　マツイ：마쓰이 [ma²sɯi] 松井
スズキ：스즈키 [sɯdʒɯkʰi] 鈴木　　シミズ：시미즈 [ʃimidʒɯ] 清水

「ツ」音は韓国語にありません。原則は「쓰」で書くことになっていますが、たまに「쯔」で書いたのも見かけます。なお、「ツ（ズ）」音も韓国語にありません。いずれもツ・ヅ（ズ）の音とは違和感がありますが、他に表す方法はありません。

6. ザ行の子音

「ザ」行の子音は「ㅈ」で表します。

ザ：자　ジ（ヂ）：지　ズ（ヅ）：즈　ゼ：제　ゾ：조
ザオー：자오 [tʃao] 蔵王
オザワ：오자와 [odʒawa] 小沢
ジッコク：짓코쿠 [tʃitkʰokʰu/tʃikkʰokʰu] 十国
イジリ：이지리 [idʒiri] 井尻
ズシ：즈시 [tʃɯʃi] 逗子
スズキ：스즈키 [sɯdʒɯkʰi] 鈴木
ゼニカワ：제니카와 [tʃenik²awa] 銭川（温泉）
ゼゼ：제제 [tʃedʒe] 膳所（滋賀県の地名）
ゾーシガヤ：조시가야 [tʃoʃigaja] 雑司が谷
エゾエ：에조에 [edʒoe] 江添

* 「ザ」行の子音 [dz] も韓国語にありません。語頭では「無声音（清音）の자行」で、語中・語尾では「有声音（濁音）の자行」で発音されます。
* なお、ジャ行は、ジャ：자、ジュ：주、ジョ：조と書きます。

7. 氏名

氏と名は分かりやすいように離して書きましょう。

ビート タケシ　：비토 다케시 [piʔo takʔeʃi] ビートたけし
クサナギ ツヨシ：구사나기 쓰요시 [kusanagi ʔsɯjoʃi] 草彅 剛
ウツミ　ミドリ　：우쓰미 미도리 [uʔsɯmi midori] うつみ宮土理
マキノ ミチコ　：마키노 미치코 [makʰino mitʃʰikʰo] 牧野美千子

練習

次の人名と地名をハングルで書いてみましょう。

① 小泉純一郎（　　　　　　　　　　　）
② 松坂大輔（　　　　　　　　　　　）
③ 藤原紀香（　　　　　　　　　　　）
④ 長渕剛（　　　　　　　　　　）
⑤ 吉永小百合（　　　　　　　　　　　）
⑥ 高島礼子（　　　　　　　　　　）
⑦ 松井秀喜（　　　　　　　　　　）
⑧ 細木数子（　　　　　　　　　　）
⑨ 明石家さんま（　　　　　　　　　　　）
⑩ 中山美穂（　　　　　　　　　　）
⑪ 銀座（　　　　　　　　　）
⑫ 霞が関（　　　　　　　　　　）
⑬ 秋葉原（　　　　　　　　　　）
⑭ 新宿（　　　　　　　　　）
⑮ 渋谷（　　　　　　　　　）
⑯ 赤坂（　　　　　　　　　）
⑰ 浅草（　　　　　　　　　）
⑱ 六本木（　　　　　　　　　　）
⑲ 青山（　　　　　　　　　）
⑳ 池袋（　　　　　　　　　）

㉑ 羽田（　　　　　　　　　　　）

㉒ 成田（　　　　　　　　　　　）

㉓ 北海道（　　　　　　　　　　　　）

㉔ 仙台（　　　　　　　　　　　）

㉕ 秋田（　　　　　　　　　　　）

㉖ 青森（　　　　　　　　　　　）

㉗ 新潟（　　　　　　　　　　　）

㉘ 名古屋（　　　　　　　　　　　　）

㉙ 横浜（　　　　　　　　　　　）

㉚ 箱根（　　　　　　　　　　　）

㉛ 富山（　　　　　　　　　　　）

㉜ 大阪（　　　　　　　　　　　）

㉝ 京都（　　　　　　　　　　　）

㉞ 奈良（　　　　　　　　　　　）

㉟ 神戸（　　　　　　　　　　　）

㊱ 広島（　　　　　　　　　　　）

㊳ 下関（　　　　　　　　　　　）

㊳ 福岡（　　　　　　　　　　　）

㊴ 宮崎（　　　　　　　　　　　）

㊵ 沖縄（　　　　　　　　　　　）

第5課　人名・地名のハングル表記

◆かな文字のハングル表記一覧（韓国式）

かな	ハングル	
	語頭	語中
あいうえお	아 이 우 에 오	아 이 우 에 오
かきくけこ	가 기 구 게 고	카 키 쿠 케 코
さしすせそ	사 시 수 세 소	사 시 수 세 소
たちつてと	다 지 쓰 데 도	타 치 쓰 테 토
なにぬねの	나 니 누 네 노	나 니 누 네 노
はひふへほ	하 히 후 헤 호	하 히 후 헤 호
まみむめも	마 미 무 메 모	마 미 무 메 모
やゆよ	야 유 요	야 유 요
らりるれろ	라 리 루 레 로	라 리 루 레 로
わを	와　　오	와　　오
がぎぐげご	가 기 구 게 고	가 기 구 게 고
ざじずぜぞ	자 지 주 제 조	자 지 주 제 조
だぢづでど	다 디 즈 데 도	다 디 즈 데 도
ばびぶべぼ	바 비 부 베 보	바 비 부 베 보
ぱぴぷぺぽ	파 피 푸 페 포	파 피 푸 페 포
きゃきゅきょ	갸 규 교	캬 큐 쿄
しゃしゅしょ	샤 슈 쇼	샤 슈 쇼
ちゃちゅちょ	자 주 조	차 추 초
にゃにゅにょ	냐 뉴 뇨	냐 뉴 뇨
ひゃひゅひょ	햐 휴 효	햐 휴 효
みゃみゅみょ	먀 뮤 묘	먀 뮤 묘
りゃりゅりょ	랴 류 료	랴 류 료
ぎゃぎゅぎょ	갸 규 교	갸 규 교
じゃじゅじょ	자 주 조	자 주 조
びゃびゅびょ	뱌 뷰 뵤	뱌 뷰 뵤
ぴゃぴゅぴょ	퍄 퓨 표	퍄 퓨 표
撥音の「ん」は終声のㄴ, 促音の「っ」は終声のㄴ,ㅅで表わす		

第6課　発音変化のルール

　学習者から「韓国語は発音が難しい」とか「ハングル表記どおりに発音しない」とかいう声をよく耳にするのですが、この課で学習する「発音変化のルール」をよく理解してヒアリングや発音の練習をすれば、比較的に短期間でかなり正確にヒアリングもでき、発音の方も上達することでしょう。
　いままでは、とりわけ1文字ずつしっかり発音する学習をしてきました。1文字ずつ「**拾い読み**」をしても発音さえ間違えなければ、まず通じないようなことはないでしょう。しかし、ネイティブスピーカーは、拾い読みではなく、単語ごとや文節ごと、あるいは1文をポーズ（休止）を入れずに「**一続き**」として発音することが多々あります。「一続き」で発音すると音節と音節の間で発音の変化が起こりやすくなります。ネイティブスピーカーの話す韓国語を聴き取るためにはヒアリングの練習が欠かせませんが、まずは「発音変化のルール」をしっかり理解してからヒアリングの練習に入ってください。

　音節（ハングル1文字）と音節を続けて発音する時は、音節どうしの結合（次ページの4パターン）になりますので発音しにくくなることがあります。その時、結合する音声どうしが互いに影響しあい、発音しやすい方向に音声の同化作用が起きます。
　説明しやすくするために音節図を用いることにします。音節図には中声（母音）の形によって3つの表記パターン（第1課を参照）がありましたが、ここでは下記の図4. に統一して用いることにします。

第6課　発音変化のルール

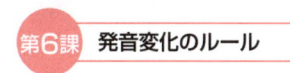

図4　音節図

子音 （初声）	母音 （中声）
子音 （終声）	

＊音節結合の4パターンと主な音韻変化（図の中の空白は音声なしの意。以下同）

（1）母音（中声）- 子音（初声）

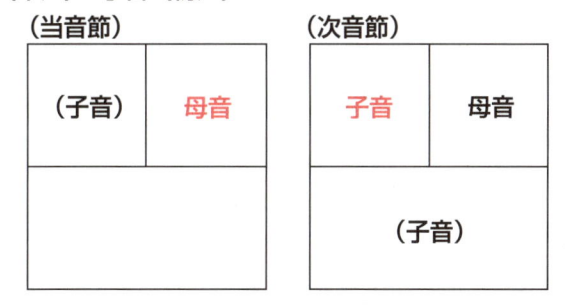

（当音節）

（子音）	母音

（次音節）

子音	母音
（子音）	

　次音節の子音が、平音（「ㅅ」を除く）の場合は有声音で発音され、「ㅎ」の場合は弱化します。（→当課の1.～2.で詳述）

（2）母音（中声）- 母音（中声）

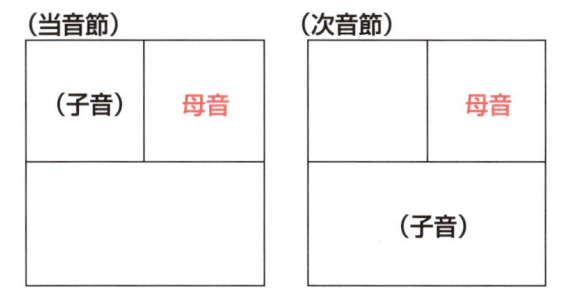

（当音節）

（子音）	母音

（次音節）

	母音
（子音）	

続く2つの母音は合体し縮約されます。用言の活用でよく見られるのですが、本書では用言の活用は扱っていません。例えば、第2課の3.の「(単母音2つからなる)ワ行の重母音」のように縮約されます。

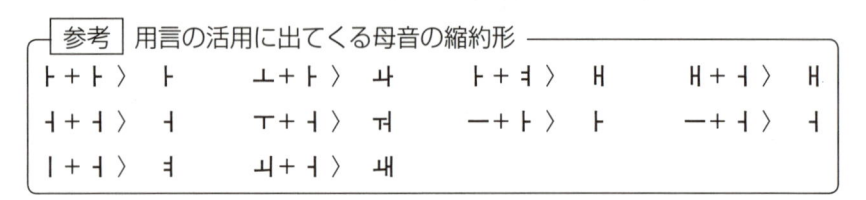

参考 用言の活用に出てくる母音の縮約形
ㅏ + ㅏ 〉 ㅏ　　ㅗ + ㅏ 〉 ㅘ　　ㅏ + ㅓ 〉 ㅐ　　ㅐ + ㅓ 〉 ㅐ
ㅓ + ㅓ 〉 ㅓ　　ㅜ + ㅓ 〉 ㅝ　　ㅡ + ㅏ 〉 ㅏ　　ㅡ + ㅓ 〉 ㅓ
ㅣ + ㅓ 〉 ㅕ　　ㅚ + ㅓ 〉 ㅙ

(3) 　子音(終声) - 子音(初声)

(当音節)　　　　(次音節)

(子音)	母音
子音	

子音	母音
(子音)	

終声子音と次音節の初声の子音間で諸同化が起きます。(→当課の4.〜9.で詳述)

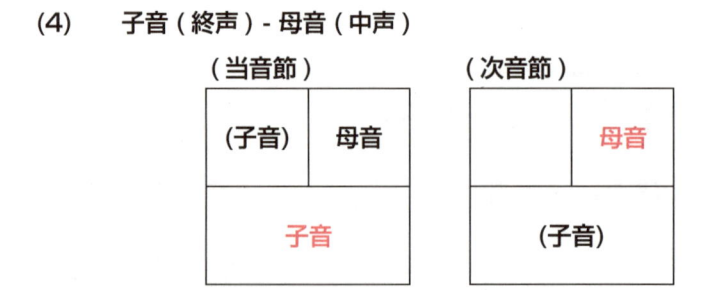

(4) 　子音(終声) - 母音(中声)

(当音節)　　　　(次音節)

(子音)	母音
子音	

	母音
(子音)	

連音(当音節の終声子音が次音節の初声のように発音される)が起きます。(→当課の3.で詳述)

第6課　発音変化のルール

＊ノート
① 上記の（1）～（4）の変化は、単語内・文節内・文内においてだけでなく、「発音の一続きの内部」ならどこにでも起きます。

② この先に出てくる発音の変化は、発音記号［　］の中に「ハングル」「国際音声記号」「フリガナ」の順で書いてあります。しかし、ハングルでの発音表記は、実際に表記として用いることはありません。なお、再度強調しますが、**フリガナ表記は韓国語の発音を正確に書き表せない**難点を持っているのでフリガナにはあまり頼りすぎないようにしてください。

③ 発音変化の各規則における説明のレベルについて
　初心者向けの基本的な内容は最初に載せました。しかし、その上に上級者向けに別の説明を要する時は、初級・中級・上級のレベルに合わせ、**「初級用」「中級用」「上級用」**と表示して説明を行いました。
　初心者にとって、上級者向けの説明部分は難しいと感じるかも知れません。そのような方は、上級者向けの部分は飛ばして学習してかまいません。また、初心者向けの説明の部分も一通り学習してから次に進むのが理想的ですが、適宜、取捨選択しながら学習してもかまいません。**次課以後に進んでからもし気になったら戻って、その部分を学習するという形でもよいのです。**

④ 当課で扱う、「1.「ㅎ」音の弱化」と「10. 重母音の単母音化」の現象は、あくまでも現在発音変化が進行中であるものですが、かなり進行しているので載せることにしました。参考までに、この2つの現象は、ハングル検定、韓国語能力検定試験で出題の対象にはなっていません。

1 「ㅎ」音の弱化

　初声「ㅎ」は、語頭ではしっかり [h] で発音されるが、語中・語尾では先行音節に終声のない場合や、あるいは終声「-ㅇ・-ㄴ・-ㅁ・-ㄹ」の場合（→「当課の3.連音」で詳述）はサイレントに近いほど弱まり、[h] がほとんど発音されません。ただし、「ㅎ」の前にポーズが入った、**多少ゆっくりとした発音では弱化しません。**

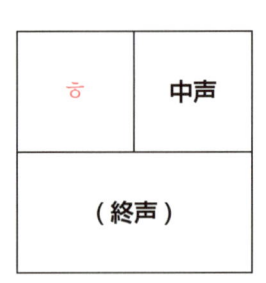

初声	中声
終声なし	

ㅎ	中声
（終声）	

CD 39　피　　해　　[피애 pʰi(h)ɛ ピエ] 被害

지하　[지아 tɕi(h)a チア] 地下　　　보호　[보오 po(h)o ポオ] 保護
이해　[이애 i(h)ɛ イエ] 理解　　　　시험　[시엄 ɕi(h)ɔm シオム] 試験
나하고　[나아고 na(h)ago ナアゴ] ぼくと
나한테　[나안테 na(h)antʰe ナアンテ] ぼくに

●単語
나 [na ナ] ぼく、わたし　　-하고 [hago ハゴ] ～と
-한테 [hantʰe ハンテ] ～（だれ々）に

なるほど！コラム

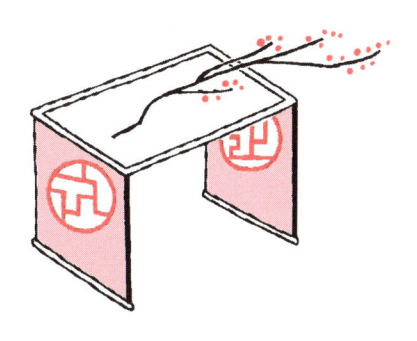

　語中語尾での /h/ の弱化現象は日本語にもありました。日本語（共通語）では語中語尾のハ行音 /h/ は弱化し、すでに脱落してしまいました。それで現在は表記もハ行ではなく、ワとア行で書いているので気づきにくいかも知れません。しかし下記の歴史的仮名遣いと現代仮名遣いを見比べればよく分かると思います。韓国語より日本語の方が /h/ の弱化・脱落が早く進行したわけです。

歴史的仮名遣い		現代仮名遣い
イ**ハ**ユル（所謂）	→	イ**ワ**ユル
イ**ヒ**（飯）	→	イ**イ**
タマ**フ**（賜）	→	タマ**ウ**
マ**ヘ**（前）	→	マ**エ**
ホ**ホ**（頬）	→	ホ**オ**

練習1

　まず次の語の発音をCDから聴いてください。その後、「ㅎ」音が弱化するという前提の下で、変化した発音を（　）にハングルで書いてください。

CD 40

① 기후 [ki(h)u キウ] 気候（　　　　　）

② 이하 [i(h)a イア] 以下（　　　　　）

③ 모호 [mo(h)o モオ] 曖昧模糊（→漢語「模糊」から）（　　　　　　）

④ 보험 [po(h)ɔm ポオㇺ] 保険（　　　　　）

⑤ 대하 [tɛ(h)a テア] 大河（　　　　　）

⑥ 노후 [no(h)u ノウ] 老後（　　　　　）

⑦ 비행기 [pi(h)ɛŋgi ピエンギ] 飛行機（　　　　　）

⑧ 모험 [mo(h)ɔm モオㇺ] 冒険（　　　　　）

⑨ 누구하고 [nugu(h)ago ヌグアゴ] だれと（　　　　　　）

⑩ 누구한테 [nugu(h)antʰe ヌグアンテ] だれに（　　　　　　）

第6課　発音変化のルール

2 有声音化

　第3、4課でも学習したように、ㅅを除いた平音「ㄱ・ㄷ・ㅂ・ㅈ」は、語頭では無声音（清音や半濁音）で発音されるが、語中・語尾では有声音（濁音）で発音されることがありました。これには、下記のような決まりがあります。

（1）語中・語尾の平音「ㄱ・ㄷ・ㅂ・ㅈ」は、**母音で終わる（終声のない）音節に続いく場合**は、一部の例外（慣用読みや合成語の一部）を除き、すべて有声音で発音されます。

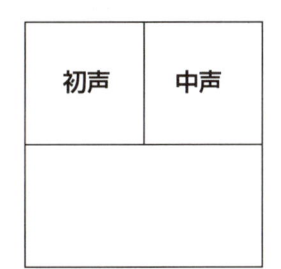

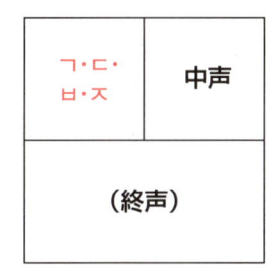

初声	中声

ㄱ・ㄷ・ ㅂ・ㅈ	中声
（終声）	

지　　　도　　　　[tʃido チド] 地図

아가 [aga アガ] 赤ちゃん　　　포도 [pʰodo ポド] ぶどう
아버지 [abɔdʒi アボジ] 父　　　모자 [modʒa モジャ] 帽子
아버지도 [abɔdʒido アボジド] 父も
아버지보다 [abɔdʒiboda アボジボダ] 父より

●単語：- 도 [to ト] ～も　- 보다 [poda ポダ] ～より（比較）

(2) 終声「-ㅇ・-ㄴ・-ㅁ・-ㄹ」で終わる音節に続く平音「ㄱ・ㄷ・ㅂ・ㅈ」は、多くの場合は有声音で発音されます。

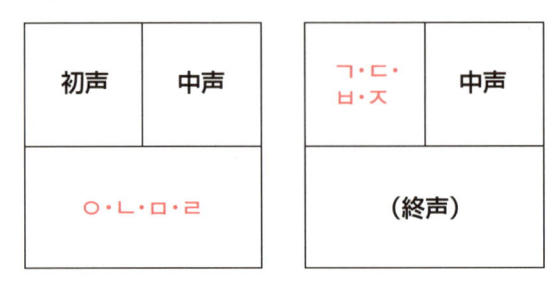

初声	中声
ㅇ・ㄴ・ㅁ・ㄹ	

ㄱ・ㄷ・ㅂ・ㅈ	中声
(終声)	

CD 42

경제　　[kjoŋdʑe キョンジェ] 経済

공기 [koŋgi コンギ] 空気　　온도 [ondo オンド] 温度
남자 [namdʑa ナムジャ] 男子　　갈비 [kalbi カルビ] カルビ、あばら
사랑도 [saraŋdo サランド] 愛も　　시간도 [ʃigando シガンド] 時間も
사람보다 [saramboda サランボダ] 人より
말보다 [malboda マルボダ] 言葉より

なるほど！コラム

　この現象は、日本の東北方言で見られる「清音の濁音化」と音韻的に同じ現象といえましょう。東北方言では、カ行・タ行音が語中・語尾で濁音化してガ行・ダ行音で発音されることがあります。たとえば、ヤマガ**タ**（山形）→［ヤマガ**ダ**］、オ**ト**コ（男）→［オ**ド**ゴ］、ヒ**ト**リ（一人）→［ヒ**ド**リ］の類（たぐ）いがそれですが、いずれも「-タ・-トコ・-ト」が語中・語尾に立った時に起るのです。

　また、日本語の合成語などにおいて後続語の頭音が清音の場合、濁音に変わることを「連濁」といいますが、音韻的には有声音化と同じ現象です。例えば、様々（サマ**ザ**マ）、国々（クニ**グ**ニ）、三日月（ミカ**ヅ**キ）、患者（カン**ジャ**）、生ずる（ショウ**ズ**ル）、重んずる（オモン**ズ**ル）の類いがそれです。

第6課　発音変化のルール

練習2

　まず次の語の発音をCDで聴いてください。その後、有声音化した音節（文字）を（-）にハングルで書いてください。

① 수도 [sudo スド] 水道、首都（-　　）

② 모두 [modu モドゥ] みな（-　　）

③ 허가 [hɔga ホガ] 許可（-　　）

④ 하수도 [hasudo ハスド] 下水道（-　　）

⑤ 공부 [koŋbu コンブ] 勉強（-　　）

⑥ 혼자 [hondʒa ホンジャ] 一人（-　　）

⑦ 암기 [amgi アムギ] 暗記（-　　）

⑧ 얼굴 [ɔlgul オルグル] 顔（-　　）

⑨ 남자도 [namdʒado ナムジャド] 男子も（-　　）（-　　）

⑩ 얼굴보다 [ɔlgulboda オルグルボダ] 顔より

（-　）（-　）（-　）

3 連音

　終声のある音節のあとに初声「ㅇ」から始まる音節が続くと、初声「ㅇ」は先行終声に置き換えられ、すなわち先行終声が次音節の初声に移って発音されるのです。これを連音（リエゾン）といいます。この時、連音された終声が、平音「ㄱ・ㄷ・ㅂ・ㅈ」の場合は有声音で発音されます。

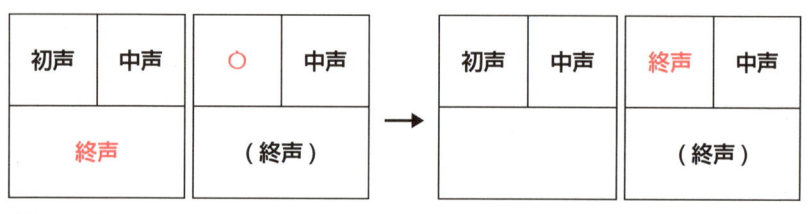

初声	中声		ㅇ	中声
終声			（終声）	

→

初声	中声	終声	中声
		（終声）	

CD 44 연애　　　　　　[여내 jonɛ ヨネ] 恋愛

단어　[다너 tanɔ タノ] 単語
국어　[구거 kugɔ クゴ] 国語
음악　[으막 ɯmak ウマㇰ] 音楽
늦어서　[느저서 nɯdʒɔsɔ ヌジョソ] 遅れて
일본어　[일보너 ilbonɔ イルボノ] 日本語
일본이　[일보니 ilboni イルボニ] 日本が
일본은　[일보는 ilbonɯn イルボヌヌ] 日本は
일본을　[일보늘 ilbonɯl イルボヌㇽ] 日本を
일본에　[일보네 ilbone イルボネ] 日本に、日本へ
일본에서　[일보네서 ilbonesɔ イルボネソ] 日本で
영어　[여어 jɔŋɔ ヨゴ゚] 英語
종이　[조이 tʃoŋi チョギ゚] 紙
월요일　[워료일 wɔrjoil ウォリョイㇽ] 月曜日
목요일　[모교일 mogjoil モギョイㇽ] 木曜日
금요일　[그묘일 kɯmjoil クミョイㇽ] 金曜日
일요일　[이료일 irjoil イリョイㇽ] 日曜日

| 第6課 | 発音変化のルール |

> ●単語：- 이 ［i イ］ 〜が（終声で終わる語につく）
> 　　　 - 은 ［ɯn ウン］ 〜は（終声で終わる語につく）
> 　　　 - 을 ［ɯl ウル］ 〜を（終声で終わる語につく）
> 　　　 - 에 ［e エ］ 〜（どこどこ）に、〜へ
> 　　　 - 에서 ［esɔ エソ］ 〜（どこどこ）で

＊「영어」や「종이」の発音を表す［　］内のハングルに「- 어」「- 이」など「ㆁ」（名称：꼭지 달린 이응：へたの付いた「이응」の意）表記をあえて用いました。**「ㆁ」は、中世韓国語で ［ŋ］ を表す子音**でしたが、消滅しましたので現代語では用いません。ここでは初声 ［ŋ］ を表す現代語のハングルがありませんのであえて使うことにしました。（本書だけの表記です）

　なお、「コ°」「キ°」に付いている「°」は、日本語学で正式に用いている、**ガ行鼻濁音 ［ŋ］** を表す時に使う表記です。「- ㆁ ［-ŋ］」は、あくまでも濁音ではなく鼻音ですので、濁音で発音しては通用しません。思い切り鼻音を出して発音してください。

　「コ°」「キ°」の発音がうまくいかない方は、連音するのをやめ、영 - 어 ［jɔŋ-ɔ ヨン - オ］、종 - 이 ［tʃoŋ-i チョン - イ］ と1文字ずつしっかり発音するようにしてください。1文字ずつの拾い読みの方がいい加減な連音より確実に通用します。以下も、連音時の ［ŋ］ のフリガナは「°」で示すことにしますので忘れないようにしてください。

> **なるほど! コラム**
>
> 　日本語でも鎌倉・室町時代には「連声」という音声同化現象があり、かなり規則的に行われたようです。韓国語のように音節末子音（終声にあたる）がまるごと次音節の頭音（初声にあたる）に移るのではなく、音節末子音を残しながら次音節に連音する形です。例えば、下記の例などは２文字目の頭音に［n］や［m］［t］が添加されているのですが、それは前の文字の音節末子音の繰り返し音で、すなわち「連声」というものです。
>
> 順応（ジュン**ノ**ウ）　反応（ハン**ノ**ウ）　観音（カン**ノ**ン）　天王（テン**ノ**ウ）
> 親王（シン**ノ**ウ）　山王（サン**ノ**ウ）　因縁（イン**ネ**ン）　万葉（マン**ニョ**ウ）
> 三位（サン**ミ**）　陰陽（オン**ミョ**ウ）　屈惑（クッ**タ**ク、屈託）

初級用（1）激音と濃音の連音

　激音と濃音の終声は、終声で発音する時は両方とも平音で発音されましたが、連音して次音節の初声で発音される時は、（ごく一部の例外を除き）本来の激音と濃音で発音されます。

CD 45

같아요　[가타요 katʰajo カタヨ] 同じです
꽃이　[꼬치 ʔkotʃi コチ] 花が
끝에　[끄테 ʔkutʰe クテ] 終りに　　　앞에　[아페 apʰe アペ] 前に
밖에　[바께 paʔke パッケ] 外に
있어요　[이써요 iʔsojo イッソヨ] います・あります

＊激音と濃音の終声の場合、終声音を意識した発音（ややゆっくりした発音）では、[갇타요 kattʰajo カッタヨ]［압페 appʰe アッペ］［박께 pakʔke パッケ］などのように終声音を残しながら連音することもあります。

第6課　発音変化のルール

> 初級用（2）「ㅎ」と連音

① 先行音節に終声がない時の「ㅎ」音の弱化については「当課の1.」で述べているとおりですが、先行音節の終声が鼻音「-ㅇ・-ㄴ・-ㅁ」と流音「-ㄹ」の場合も、後続音節の初声「ㅎ」はサイレントに近いほど弱化します。弱化したら先行音節の終声が連音して発音されます。

　この場合も多少ゆっくりした発音では「ㅎ」音は弱化しないし、弱化しなければ連音も起きません。

CD 46

공항　[공앙＞고양 koŋ(h)aŋ　コガ゜ン]　空港
은행　[은앵＞으냉 ɯn(h)ɛŋ　ウネン]　銀行
번호　[번오＞버노 bɔn (h) o　ポノ]　番号
남해　[남애＞나매 nam(h)ɛ　ナメ]　南海
심하다　[심아다＞시마다 ʃim(h)ada　シマダ]　ひどい
올해　[올애＞오래 ol(h)ɛ　オレ]　今年
서울행　[서울앵＞서우랭 sɔul (h) ɛŋ　ソウレン]　ソウル行き
일본 학생　[일본악쌩＞일보낙쌩 ilbon(h)akʼsɛŋ　イルボナㇰセン]
　　　　　日本の学生

（→濃音化については、「第4課の発音アドバイス1の②」を参照、もしくは「当課の4. 濃音化」で詳述。以下同）

남하고　[남아고＞나마고 nam(h)ago　ナマゴ]　他人と
남한테　[남안테＞나만테 nam(h)antʰe　ナマンテ]　他人に
안녕하세요　[안녕아세요＞안녀아세요 annjoŋ(h)asejo　アンニョガ゜セヨ]
　　　　　こんにちは。

② 終声「ㅎ」は、連音したら決まってサイレントになります。

좋아요　[조아요 tʃo(h)ajo　チョアヨ]　良いです
좋아지다　[조아지다 tʃo(h)adʒida　チョアジダ]　良くなる
좋은 사람　[조은사람 tʃo(h)ɯnsaram　チョウンサラㇺ]　良い人
놓아라　[노아라 no(h)ara　ノアラ]　放せ

初級用（3）複子音終声の連音

① 複子音終声の場合も初声「ㅇ」から始まる音節が後続すると連音しますが、決まりがあります。**左側の第1子音が終声音として発音され、右側の第2子音が連音する**という決まりです。その際、連音した第2子音が平音の場合、その発音は、終声音として残った第1子音の種類よって有声音になったり、濃音になったりします。（→「第4課の発音アドバイス1」と「当課の2. 有声音化」を参照）

CD 47

넓이 ［널비 nɔlbi ノルビ］広さ　　삶이 ［살미 salmi サルミ］人生が

젊은 이 ［절므니 tʃolmɯni チョルムニ］若者

늙은 이 ［늘그니 nɯlgɯni ヌルグニ］年寄り

앉으세요 ［안즈세요 andʒɯsejo アンジュセヨ］座ってください

읽으세요 ［일그세요 ilgɯsejo イルグセヨ］読んでください

넋이 ［넉시 > 넉씨 nɔkˀʃi ノクシ］たましいが

값이 ［갑시 > 갑씨 kapˀʃi カプシ］値段が

② 複子音終声の第2子音が「ㅎ」の場合、「ㅎ」**は連音して決まってサイレント**になります。よって、引き続き、第1子音が連音します。

많이 ［만히 > 만이 > 마니 man(h)i マニ］たくさん

가지 않아요 ［가지안하요 > 가지안아요 > 가지아나요 kadʒian(h)ajo カジアナヨ］行きません

옳아요 ［올하요 > 올아요 > 오라요 ol(h)ajo オラヨ］正しいです

싫어요 ［실허요 > 실어요 > 시러요 ʃil(h)ojo シロヨ］いやです

＊ 닭이（鶏が）は、［달기 talgi タルギ］より、第1子音「ㄹ」がサイレントとなった［다기 tagi タギ］と発音する人が多いです。

中級用（1）終声「-ㅅ・-ㅈ・-ㅊ」の［ㄷ］連音

① 終声が「-ㅅ・-ㅈ・-ㅊ」である語の中には、例外的に［ㄷ］で連音する

語があります。連音したら有声音で発音されます。

CD 48

웃 어른 [우더른 udɔrɯn ウドルン] 目上の人
옷 안 [오단 odan オダヌ] 服の中
옛 애인 [예대인 jedɛin イェデイヌ] 昔の恋人
첫 아이 [처다이 tʃʰodai チョダイ] 初子
첫 인상 [처딘상 tʃʰodinsaŋ チョディンサン] 第一印象
젖 어머니 [저더머니 tʃodɔmoni チョドモニ] 乳母
몇 월 [며뒬＞며덜 mjod(w)ɔl ミョドル]
　　　　何月（→当課の 10. 重母音の単母音化で詳述）
옻오르다 [오도르다 odorɯda オドルダ] 漆にかぶれる
장밋빛 인생 [장믿뻐딘생 tʃaŋmitʔpidinsɛŋ チャンミッピディンセン]
　　　　ばら色の人生

② 「-ㅅ」終声で終わる名詞に「-있다（ある）/-없다（ない）」が付いて新用言をつくることがありますが、この際は**決まって[ㄷ]で連音**しますので注意しましょう。「-있다」の場合だけは終声[ㅅ]の連音も認められます。

맛있다 [마딛따 maditʔta マディッタ / 마싣따 maʃitʔta マシッタ]
　　　　美味しい
맛없다 [마덥따 madɔpʔta マドプタ] 美味しくない
멋있다 [머딛따 modit'ta モディッタ / 머싣따 moʃit'ta モシッタ]
　　　　かっこいい
멋없다 [머덥따 modɔpʔta モドプタ] かっこわるい
덧없다 [더덥따 todɔpʔta トドプタ] はかない
느닷없이 [느다덥씨 nɯdadɔpʔʃi ヌダドプシ] いきなり、出し抜けに

●単語：맛 [mat マッ] 味　멋 [mɔt モッ] 粋
　　　 덧 [dɔt トッ] 非常に短い時間

③「-ㅅ・-ㅈ・-ㅊ」終声で終わる名詞に「-있다（ある）/-없다（ない）」が続き、新用言はつくらない場合においても【ㄷ】で連音する傾向が強いです。これも「-있다」の場合だけは終声どおりの連音も認められます。

옷 있다 [오딛따 oditˀta オディッタ / 오싣따 oʃitˀta オシッタ]
　　　　　服（が）ある
옷 없다 [오덥따 odɔpˀta オドッタ] 服（が）ない
빚 있다 [비딛따 piditˀta ピディッタ / 비짇따 pidʒitˀta ピジッタ]
　　　　　借金（が）ある
빚 없다 [비덥따 pidɔpˀta ピドッタ] 借金（が）ない
꽃 있다 [꼬딛따 koditˀta コディッタ / 꼬칟따 kotʃʰitˀta コチッタ]
　　　　　花（が）ある
꽃 없다 [꼬덥따 kodɔpˀta コドッタ] 花（が）ない

練習3

まず次の語の発音を CD から聴いてください。その後、連音した発音を（　）にハングルで書いてください。

CD 49

①한국어 [hangugɔ ハングゴ] 韓国語（　　　）
②한국이 [hangugi ハングギ] 韓国が（　　　）
③한국은 [hangugɯn ハンググヌ] 韓国は（　　　）
④한국을 [hangugɯl ハンググル] 韓国を（　　　）
⑤한국에 [hanguge ハングゲ] 韓国に（　　　）
⑥한국에서 [hangugesɔ ハングゲソ] 韓国で（　　　）

第6課　発音変化のルール

⑦앞에서 [apʰesɔ アペソ] 前で（　　　　　）
⑧밖에서 [paʔkesɔ パッケソ] 外で（　　　　　）
⑨분해 [pun(h)ɛ ブネ] 分解（　　　　　）
⑩결합 [kjɔl(h)ap キョラㇷ゚] 結合（　　　　　）
⑪일본하고 [ilbon(h)ago イルボナゴ] 日本と（　　　　　）
⑫일본한테 [ilbon(h)antʰe イルボナンテ] 日本に（　　　　　）
⑬넣어 [nɔ(h)ɔ ノオ] 入れて（　　　　　）
⑭놓아 [no(h)a ノア] 放して（　　　　　）
⑮앉아 [andʒa アンジャ] 座って（　　　　　）
⑯읽어 [ilgɔ イㇽゴ] 読んで（　　　　　）
⑰넓어요 [nɔlbɔjo ノルボヨ] 広いです（　　　　　）
⑱없어요 [ɔpʔsɔjo オㇷ゚ソヨ] ありません、いません（　　　　　）
⑲많아요 [man(h)ajo マナヨ] 多いです（　　　　　）
⑳끓어요 [ʔkɯl(h)ɔjo クロヨ] 沸いています（　　　　　）
㉑빗 있다 [piditʔta ピディッタ /piʃitʔta ピシッタ] 櫛（が）ある
　　　（　　　　　）／（　　　　　）
㉒빗 없다 [pidɔpʔta ピドㇷ゚タ] 櫛（が）ない（　　　　　）

4 濃音化

「当課2.の（2）」で出た終声「-ㅇ・-ㄴ・-ㅁ・-ㄹ」と「-ㅎ（当課5.の（2）で後述）」以外の終声音［-ㄱ］［-ㄷ］［-ㅂ］に続く次音節の平音「ㄱ・ㄷ・ㅂ・ㅅ・ㅈ」は、すべてそれぞれの濃音［ㄲ］［ㄸ］［ㅃ］［ㅆ］［ㅉ］で発音されます。幸い、この場合の濃音の発音は、終声音の影響を受けるのでそれほど意識しないで清音でさえ発音すれば自然に濃音のようになります。

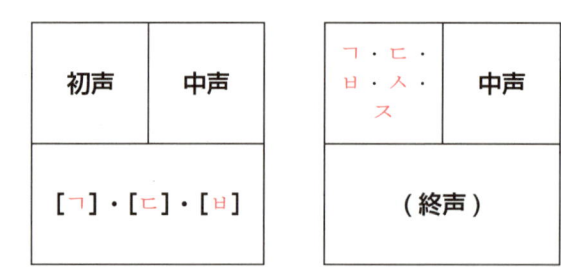

初声	中声
［ㄱ］・［ㄷ］・［ㅂ］	

ㄱ・ㄷ・ㅂ・ㅅ・ㅈ	中声
（終声）	

CD 50 축구　［축꾸 tʃʰukʔku チュック］蹴球（サッカー）

학교　［학꾜 hakʔkjo ハッキョ］学校　　숙제　［숙쩨 sukʔtʃe スㇰチェ］宿題
맏벌이　［맏뻐리 matʔpori マッポリ］共稼ぎ
돋보기　［돋뽀기 / 돕뽀기 totʔpogi/topʔpogi トッポギ］虫眼鏡
입구　［입꾸 ipʔku イㇷ゚ク］入口　　덮개　［덥께 topʔkɛ トㇷ゚ケ］蓋

책상　［책쌍 tʃɛkʔsaŋ チェㇰサン］机　　식당　［식땅 ʃikʔtaŋ シㇰタン］食堂
맛보다　［맏뽀다 / 맙뽀다 matʔpoda/mapʔpoda マッポダ］味より
입보다　［입뽀다 ipʔpoda イッポダ］口より

第6課　発音変化のルール

> **なるほど！コラム**
>
> 　終声音「[-ㄱ] [-ㄷ] [-ㅂ]」のあとの平音が濃音で発音されるということは、すなわち、平音が有声音（濁音）化しないで無声音（清音と半濁音）で発音されているということです。実は、この現象は、日本語においてもそっくり同じなのです。終声音「[-ㄱ] [-ㄷ] [-ㅂ]」は、大まかにいえば「ッ」にあたる音ですが、「ッ」のあとに続く音を考え起こせば答えはすぐ分かるはずです。基本的に固有の日本語において「ッ」のあとに濁音が立つことはまずありません。全部清音のみが続くのです。ただ、最近は外来語やごく一部の漢語などに「ッ」のあとの濁音も見かけます。例えば、「ベッド・ヘッド・ビッグ・脱北」などです。
>
> 　なお、「ッ」のあとの清音の発音は、つまる音「ッ」の影響を受けるので自然に濁音に近い音になります。（→第3課の3.濃音を参照）

初級用（1）合成語内部の濃音化

合成語の場合、あとの語の語頭の平音は濃音で発音される傾向があります。（合成語を分かりやすくするために「-」を付けましたが、実際には表記しません）

CD 51

주인 − 집　[주인찝 tɕuinʔtɕip チュインチョ] 大家
손 − 등　[손뜽 sonʔtɯŋ ソントゥン] 手の甲
빵 − 집　[빵찝ʔpaŋʔtɕip パンチョ] パン屋
밤 − 길　[밤낄 pamʔkil パムキル] 夜道
손 − 가락　[손까락 sonʔkarak ソンカラㇰ] 手の指
창 − 가　[창까 tɕʰaŋʔka チャンカ] 窓辺
이번 − 달　[이번 딸 ibɔnʔtal イボンタル] 今月
다음 − 주　[다음 쭈 taɯmʔtɕu タウムチュ] 来週
한국 − 사람　[한국싸람 haːŋukʔsaram ハングㇰサラム] 韓国人

91

中級用 (1) 漢語内部の濃音化

漢語内部で終声「-ㄹ」に後続する「ㄷ・ㅅ・ㅈ」も濃音化する傾向があります。

발달 [발딸 palʔtal パルタル] 発達
열도 [열또 jolʔto ヨルト] 列島
발생 [발쌩 palʔsɛŋ パルセン] 発生
실시 [실씨 ʃilʔʃi シルシ] 実施
결정 [결쩡 kjolʔtʃoŋ キョルチョン] 決定
발전 [발쩐 palʔtʃon パルチョヌ] 発展

以下、漢語の内、下記のような語は2音節目以下で濃音化が目立ちます。

価 (가) : 대가 [대까] 対価　　단가 [단까] 単価
　　　　　물가 [물까] 物価　　음가 [음까] 音価
権 (권) : 정권 [정꿘] 政権　　주권 [주꿘] 主権
　　　　　물권 [물꿘] 物権　　기본권 [기본꿘] 基本権
券 (권) : 여권 [여꿘] 旅券　　증권 [증꿘] 証券
　　　　　발권 [발꿘] 発券　　승차권 [승차꿘] 乗車券
圏 (권) : 수도권 [수도꿘] 首都圏
　　　　　여권 [여꿘] 与党勢力（→漢語「与圏」から）
　　　　　야권 [야꿘] 野党勢力（→漢語「野圏」から）
　　　　　당선권 [당선꿘] 当選圏
格 (격) : 본격 [본껵] 本格　　성격 [성껵] 性格
　　　　　엄격 [엄껵] 厳格　　승격 [승껵] 昇格
科 (과) : 내과 [내꽈] 内科　　외과 [외꽈] 外科
　　　　　안과 [안꽈] 眼科　　공과 [공꽈] 工科
件 (건) : 요건 [요껀] 要件　　사건 [사껀] 事件
　　　　　조건 [조껀] 条件　　용건 [용껀] 用件
法 (법) : 헌법 [헌뻡] 憲法　　형법 [형뻡] 刑法
　　　　　민법 [민뻡] 民法　　상법 [상뻡] 商法

第6課 発音変化のルール

字（자）: 한자 [한짜] 漢字　문자 [문짜] 文字
　　　　　활자 [활짜] 活字　로마자 [로마짜] ローマ字
点（점）: 장점 [장쩜] 長所（漢語「長点」から）
　　　　　단점 [단쩜] 短所（漢語「短点」から）
　　　　　감점 [감쩜] 減点　오점 [오쩜] 汚点　원점 [원쩜] 原点

中級用（2）用言の語尾の濃音化

① 用言の基本形「語幹 - 다」の語尾「- 다」の発音の変化については先述（第4課の2. 複子音終声の発音の練習の「*」を参照）しましたが、語幹末の音節の終声が「- ㄹ -・ㅎ -・ㄶ -・ㅀ」以外の時、後続する語尾の初声が「ㄱ・ㄷ・ㅅ」から始まる語（- 고 /- 기 /- 게 /- 겠 -/- 거 -/- 다 /- 더 -/- 던 /- 도 -/- 든 -/- 지 /- 자）の場合は、初声「ㄱ・ㄷ・ㅅ」は濃音で発音されます。
（語幹のあとの「-」は実際には表記しません。以下同）

CD 53

먹 - 고 [먹꼬 mokʔko モッコ] 食べて、
먹 - 기 [먹끼 mokʔki モッキ] 食べること
받 - 게 [받께 / 박께 patʔke/pakʔke パッケ] もらいたまえ
받 - 겠다 [받껟따 / 박껟따 patʔketʔta/pakʔketʔta パッケッタ] もらう（意志形）
입 - 거든 [입꺼든 ipʔkodɯn イㇷ゚コドゥヌ] 着たら
입 - 다 [입따 ipʔta イㇷ゚タ] 着る
신 - 도록 [신또록 ʃinʔtorok シントロㇰ] 履くように
신 - 든지 [신뜬지 ʃinʔtɯndʒi シントゥンジ] 履こうが
남 - 지마 [남찌마 namʔtʃima ナムチマ] 残るな
남 - 자 [남짜 namʔtʃa ナムチャ] 残ろう

② 複子音終声の場合も上記に準じます。

넓 - 고 [널꼬 nolʔko ノルコ] 広いし、
젊 - 거든 [점꺼든 tʃomʔkodɯn チョムコドゥヌ] 若かったら
없 - 다 [업따 ɔpʔta オㇷ゚タ] ない、いない
앉 - 도록 [안또록 anʔtorok アントロㇰ] 座るように
읊 - 든지 [읍뜬지 ɯpʔtɯndʒi ウㇷ゚トゥンジ] 詠じようが
핥 - 지 마 [할찌마 halʔtʃima ハルチマ] なめるな
읽 - 자 [익짜 ikʔtʃa イㇰチャ] 読もう

中級用（3）連体形

「- 을 / - ㄹ」に後続する次音節の平音も「一続き(ひとつづき)」で発音すれば濃音で発音されます。

CD 54

숨을 데 [수믈떼 sumɯlʔte スムルテ] 隠れるところ
먹을 거 [머글꺼 mɔgɯlʔkɔ モグルコ] 食べるもの（食べ物）
만날 사람 [만날싸람 mannalʔsaram マンナルサラム] 会う人
마실 거 [마실꺼 maʃilʔkɔ マシルコ] 飲むもの（飲み物）

第6課 発音変化のルール

練習4

まず次の語の発音をCDから聴いてください。その後、発音どおりにハングルで（　）に書いてください。

CD 55

① 낮잠 [natʰˀʧam ナッチャム] 昼寝（　　　）
② 잡지 [ʧapˀʧi チャプチ] 雑誌（　　　）
③ 책 보다 [ʧʰɛkˀpoda チェクポダ] 本より（　　　）
④ 발등 [palˀtɯŋ パルトゥン] 足の甲（　　　）
⑤ 발가락 [palˀkarak パルカラク] 足の指（　　　）
⑥ 갈등 [kalˀtɯŋ カルトゥン] 葛藤（　　　）
⑦ 참다 [ʧamˀta チャムタ] 堪える（　　　）
⑧ 참고 [ʧamˀko チャムコ] 堪えて、（　　　）
⑨ 참겠다 [ʧamˀketˀta チャムケッタ] 堪える（意志形）（　　　）
⑩ 참거든 [ʧamˀkɔdɯn チャムコドゥヌ] 堪えたら（　　　）
⑪ 참도록 [ʧamˀtorok チャムトロク] 堪えるように（　　　）
⑫ 참든지 [ʧamˀtɯndʑi チャムトゥンジ] 堪えようが（　　　）
⑬ 참지 마 [ʧamˀʧima チャムチマ] 堪えるな（　　　）
⑭ 참자 [ʧamˀʧa チャムチャ] 堪えよう（　　　）
⑮ 짧고 [ˀʧalˀko チャルコ] 短いし、（　　　）
⑯ 짧거든 [ˀʧalˀkɔdɯn チャルコトゥヌ] 短かったら（　　　）
⑰ 짧다 [ˀʧalˀta チャルタ] 短い（　　　）
⑱ 짧도록 [ˀʧalˀtorok チャルドロク] 短いように（　　　）
⑲ 먹을 사람 [mɔgɯlˀsaram モグルサラム] 食べる人（　　　）
⑳ 마실 사람 [maʃilˀsaram マシルサラム] 飲む人（　　　）

5 激音化

（1）終声と初声「ㅎ」との激音化

　終声「-ㄱ・-ㄷ・-ㅂ・-ㅅ」の後に初声「ㅎ」が続くと合体して激音で発音されます。参考までに、激音の音声記号は、平音の音声記号に [ʰ]（ㅎ音）を付けて表していたことを思い起こすと理解しやすいでしょう。

　なお、終声音を意識した発音（ややゆっくりした発音）では、終声音を残しながら、かつ激音化が起きます。

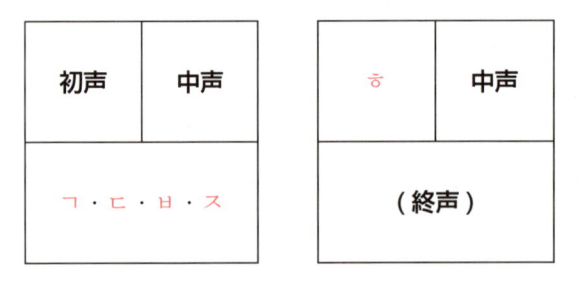

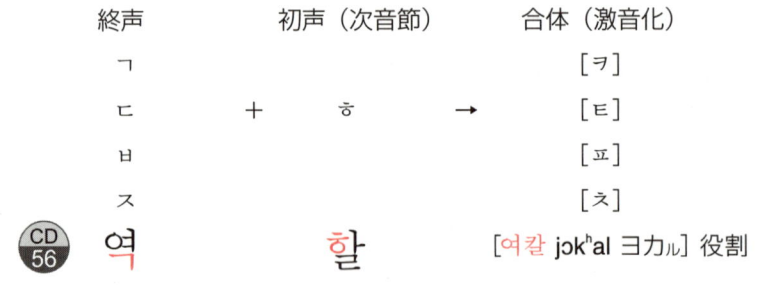

初声	中声
ㄱ・ㄷ・ㅂ・ㅅ	

ㅎ	中声
（終声）	

終声	初声（次音節）	合体（激音化）
ㄱ		[ㅋ]
ㄷ	+ ㅎ →	[ㅌ]
ㅂ		[ㅍ]
ㅅ		[ㅊ]

역　　할　　[여칼 jokʰal ヨカル] 役割

＊ 終声音を意識した発音：역할［역칼 jokkʰal ヨッカル］と発音します。以下の用例にこのような表記は紙面の都合上、省略します。

第6課 発音変化のルール

백화점 [백하점 > 배카점 pɛkʰ(w)adʑom ペカジョㇺ] デパート
　（→単母音化については当課の10.の初級用（3）で後述）
시작하다 [시자카다 ʃidʑakʰada シジャカダ] 始める
부탁해요 [부타캐요 putʰakʰɛjo プタケヨ] お願いします
맏형 [마텽 matʰjoŋ マティョン] 長兄
입학 [이팍 ipʰak イパㇰ] 入学
대답하다 [대다파다 tɛdapʰada テダパダ] 答える
잊혀지다 [이쳐지다 itɕʰɔdʑida イチョジダ] 忘れられる
맞히다 [마치다 matɕʰida マチダ] 当てる

中級用（1）

［ㄷ］で連音する「-ㅅ・-ㅆ・-ㅊ」終声語の場合も「ㅎ」が後続すると合体して激音［ㅌ］で発音されます。

CD 57

따뜻하다 [따뜨타다 ʔtaʔtɯtʰada タットゥタダ] あたたかい
비슷하다 [비스타다 pisɯtʰada ピスタダ] 似ている
못 하다 [모타다 motʰada モタダ] できない
깨끗하다 [깨끄타다 ʔkɛʔkɯtʰada ケックタダ] きれいだ
맞흥정 [마틍정 matʔɯŋdʑoŋ マトゥンジョン] 直(じき)取り引き
낮하고 [나타고 natʔago ナタゴ] 昼と
몇 호실 [며토실 mjotʰoʃil ミョトシㇽ] 何号室
몇 해 [며태 mjotʰɛ ミョテ] 何年

上級用

（1）「밝다［박따］明るい・읽다［익따］読む・밟다［밥따］踏む」などの複子音終声語幹の後に、接辞「-히」が後続すると、第1子音「ㄹ」が終声音になり、第2子音は接辞「-히」と合体して激音化が起きます。

밝히다 [발키다 palkʰida パルキダ] 明るくする
읽히다 [일키다 ilkʰida イルキダ] 読ませる
밟히다 [발피다 palpʰida パルピダ] 踏まれる

＊「앉다 [안따]（座る）」の使役形「앉히다（座らせる）」も [안치다 antʃʰida アンチダ] と激音化します。

(2) 終声「-ㅎ」と初声との激音化

　終声が「-ㅎ」で、後続音節の初声が「ㄱ・ㄷ・ㅂ・ㅅ」の場合も合体して激音化が起きます。（ただし、初声「ㅂ」による激音化は用例がない）

　なお、終声音を意識した発音では、終声音を残しながら激音化が起きます。

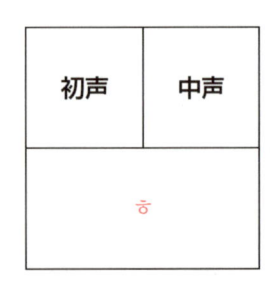

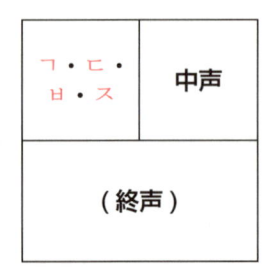

初声	中声
ㅎ	

ㄱ・ㄷ・ㅂ・ㅅ	中声
（終声）	

終声		初声（次音節）		合体（激音化）
		ㄱ		[ㅋ]
ㅎ	＋	ㄷ	→	[ㅌ]
		ㅅ		[ㅊ]

어떻게 [어떠케 ɔ*tokʰe オトケ] どのように

＊ 終声音を意識した発音：어떻게は、[어떵케 ɔ*toŋkʰe オトンケ] もしくは終声 [-ㄷ] が後続音 [ㅋ] に同化した [어떡케 ɔ*tokkʰe オトッケ] のいずれかで発音されます。以下の用例にこのような表記は省略します。

第6課 発音変化のルール

이렇게 [이러케 irokʰe イロケ] このように
그렇게 [그러케 kɯrokʰe クロケ] そのように
저렇게 [저러케 tʃorokʰe チョロケ] あのように
좋다 [조타 tʃotʰa チョタ] よい　넣다 [너타 nɔtʰa ノタ] 入れる
좋지 [조치 tʃotʃʰi チョチ] いいね　넣자 [너차 nɔtʃʰa ノチャ] 入れよう

初級用（1）

　下記のような複子音（第2子音が「-ㅎ」の）終声も後続音との間に激音化が起きます。

CD 59

괜찮-고 [괜찬코 ＞ 갠찬코 k(w)ɛntʃʰankʰo ケンチャンコ] 大丈夫だし
　　（→単母音化については当課の 10. で詳述）
많-거든 [만커든 mankʰɔdɯn マンコドゥヌ] 多かったら
잃-다 [일타 iltʰa イルタ] なくす
싫-던 [실턴 ʃiltʰɔn シルトヌ] いやだった〜（連体形）
옳-지 [올치 oltʃʰi オルチ] よし！
끊-자 [끈차 ʔkɯntʃʰa クンチャ] 切ろう

練習5

まず次の語の発音をCDから聴いてください。その後、発音どおりにハングルで（ ）に書いてください。

CD 60

① 축하 [tʃukʰa チュカ] 祝賀（　　　　）
② 곱하기 [kopʰagi コパギ] 掛け算（　　　　）
③ 잡히다 [tʃapʰida チャピダ] 捕まる（　　　　）
④ 산뜻하다 [sanʔtɯtʰada サントゥタダ]
　　　　こざっぱりしている（　　　　）
⑤ 첫 해 [tʃʰɔɛ チョテ] 初年（　　　　）
⑥ 빚하고 [pitʰago ピタゴ] 借金と（　　　　）
⑦ 꽃하고 [ʔkotʰago コタゴ] 花と（　　　　）
⑧ 하얗다 [hajatʰa ハヤタ] 白い（　　　　）
⑨ 까맣다 [ʔkamatʰa カマタ] 黒い（　　　　）
⑩ 좋고 [tʃokʰo チョコ] いいし、（　　　　）
⑪ 넣고 [nɔkʰo ノコ] 入れて、（　　　　）
⑫ 놓자 [notʃʰa ノチャ] 放そう（　　　　）
⑬ 싫거든 [ʃilkʰodɯn シルコドゥヌ] いやだったら（　　　　）
⑭ 많고 [mankʰo マンコ] 多いし、（　　　　）
⑮ 끊고 [ʔkɯnkʰo クンコ] 切って、（　　　　）

6 流音化

ㄴ [n] と流音ㄹ [r/l] は、調音点が近接した、音声として近い音どうしなのです。「ナ」と「ラ」を交互に発音すれば語頭の子音 [n] と [r] の調音点の近接さが、口内での舌先の付く位置で確かめられます。この近接音「ㄴ」と「ㄹ」は、片方が終声に立ち、もう片方が次音節の初声に立って、隣接する形になると「ㄴ」は「ㄹ」に同化し、両子音ともに流音「ㄹ」で発音されます。

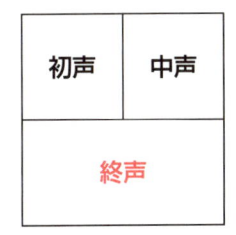

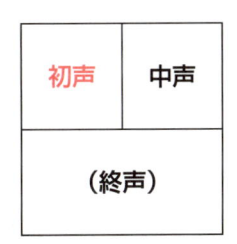

初声	中声
終声	

初声	中声
(終声)	

終声		初声（次音節）		発音（両方とも）
ㄴ	+	ㄹ	→	[ㄹ] + [ㄹ]
ㄹ	+	ㄴ	→	[ㄹ] + [ㄹ]

CD 61

근 로　[글로 kullo クゥロ] 勤労

일 년　[일련 illjon イゥリョヌ] 1年

진로 [질로 tʃillo チㇽロ] 真露（韓国焼酎の銘柄）
연락 [열락 jollak ヨㇽラㇰ] 連絡
신라 [실라 ʃilla シㇽラ] 新羅（韓国の古代の国名）
원래 [월래 wɔllɛ ウォㇽレ] 元来
물놀이 [물로리 mullori ムㇽロリ] 水遊び
불놀이 [불로리 pullori プㇽロリ] 火遊び
설날 [설랄 sɔllal ソㇽラㇽ] お正月
겨울 날씨 [겨울랄씨 kjoullalʔʃi キョウㇽラㇽシ] 冬の天気

＊ ただし、「신 라면（辛ラーメン）」や「온 라인（オンライン）」のような合成語のごく一部で、例外的に流音化が起きず、逆に「ㄹ」が「ㄴ」に同化した、[신나면 ʃinnamjɔn シンナミョン] [온나인 onnain オンナイヌ] と発音されることがあります。

なるほど！コラム

日本語にもこれと類似した現象があり、下記例のように話し言葉でよく起きています。ただし、日本語では [r] が [n] に同化します。

	話し言葉		話し言葉
わから ない	→ /ワカンナイ/		[wakaranai ＞ wakan:nai]
走り なさい	→ /ハシンナサイ/		[haʃirinasai ＞ haʃin:nasai]
膝からくるの	→ /ヒザカラクンノ/		[hidzakarakɯrɯno ＞ hidzakarakɯn:no]
貸してくれない	→ /カシテクンナイ/		[kaʃitekɯrenai ＞ kaʃitekɯn:nai]

第6課 発音変化のルール

練習6

まず次の語の発音をCDから聴いてください。その後、発音どおりにハングルで（　）に書いてください。

CD 62

① 진리 [tɕilli チルリ] 真理（　　　　　）

② 논리 [nolli ノルリ] 論理（　　　　　）

③ 난로 [nallo ナルロ] 暖炉（　　　　　）

④ 산림 [sallim サルリㇺ] 山林（　　　　　）

⑤ 촌락 [tɕʰollak チョルラㇰ] 村落（　　　　　）

⑥ 별 나라 [pjɔllara ピョルララ] 星の国（　　　　　）

⑦ 실내 [ʃillɛ シルレ] 室内（　　　　　）

⑧ 내일 날씨 [nɛillalʔʃi ネイルナルシ] 明日の天気（　　　　　）

⑨ 칠 년 [tɕʰilljɔn チルリョㇴ] 7年（　　　　　）

⑩ 일 나가다 [illagada イルラガダ] 仕事に出かける（　　　　　）

7 鼻音化

/-ㄱ/・/-ㄷ/・/-ㅂ/で発音される終声の後に鼻音「ㄴ」もしくは「ㅁ」が続くと、先行終声音は、後続鼻音の影響を受け、それぞれの鼻音（/ㄱ/>[ㅇ]、/ㄷ/>[ㄴ]、/ㅂ/>[ㅁ]）に変わって発音されます。

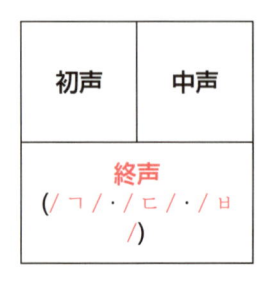

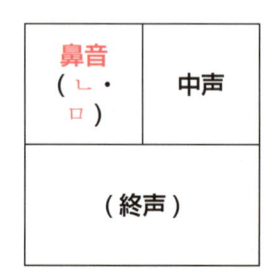

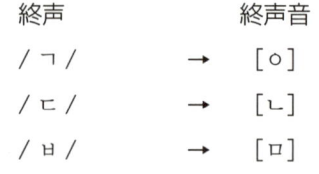

初声	中声
終声 (/ㄱ/・/ㄷ/・/ㅂ/)	

鼻音 (ㄴ・ㅁ)	中声
(終声)	

終声		終声音
/ㄱ/	→	[ㅇ]
/ㄷ/	→	[ㄴ]
/ㅂ/	→	[ㅁ]

＊ / /は音韻符号を表し、音声符号の［ ］とは区別して用います。例えば、上記の音韻/ㄷ/とは、終声において音声[ㄷ]で発音される他の子音群「ㄷ・ㅌ・ㄸ・ㅅ・ㅆ・ㅈ・ㅊ・ㅉ・ㅎ」を全部含めて表すことになります。（以下、同意味で「/ /」を用いる）

CD 63 입 니 다

［임니다 imnida イムニダ］です

第6課　発音変化のルール

(1) / ㄱ / > [ㅇ]

학년 [항년 haŋnjon ハンニョヌ] 学年
한국 남자 [한궁남자 haŋguŋnamdʒa ハングンナムジャ] 韓国の男
한국만 [한궁만 haŋguŋman ハングンマヌ] 韓国だけ
국민 [궁민 kuŋmin クンミヌ] 国民
부엌 냄새 [부엉냄새 puɔŋnɛmsɛ プオンネムセ] 台所のにおい
부엌 밑 [부엉밑 puɔŋmit プオンミッ] 台所の下
닦니? [닥니 taŋni タンニ] 磨いているか

(2) / ㄷ / > [ㄴ]

맏물 [만물 manmul マンムル] 初なり
끝나다 [끈나다 ʔkɯnnada クンナダ] 終わる
옷 맵씨 [온맵씨 onmɛpʔʃi オンメプシ] 着こなし
있니? [인니 inni インニ] あるか、いるか
맞물리다 [만물리다 manmullida マンムルリダ] かみあう
몇 년 [면년 mjɔnnjon ミョンニョヌ] 何年
좋니? [존니 tʃonni チョンニ] いいか
히읗 (ㅎ) 만 [히은만 hiɯnman ヒウンマヌ] 히읗 (ㅎ) だけ

(3) / ㅂ / > [ㅁ]

합니다 [함니다 hamnida ハムニダ] します
있습니다 [읻씀니다 itʔsɯmnida イッスムニダ] あります、います
십만 [심만 ʃimman シンマヌ] 10万
밥맛 [밤맏 pammat パンマッ] 食欲
앞니 [암니 amni アムニ] 前歯
앞머리 [암머리 ammɔri アンモリ] 前髪

なるほど！コラム

　終声音が、/ㄱ/ > [ㅇ]、/ㄷ/ > [ㄴ]、/ㅂ/ > [ㅁ] のように変わるということは、日本語で大まかにいえば、「ッ」>「ン」に変わるような現象です。これは日本語によくある現象です。しかも韓国語と同じく、ナ行［n］とマ行［m］の前で変わるのです。ただし、変わった音「ン」で表記をしているので、「ッ」から「ン」に変わったことにすぐ気づきにくいかも知れません。

　例えば、「真」は「ま」と読み、強調の意の接頭語として用いる時は「ま-」となりますが、他に「まっ-」と「まん-」になることもあります。「まっ-」と「まん-」になる、下記例をよーく見れば鼻音化のことがお分かりいただけると思います。

「まっ-」：まっか（真っ赤）、まっこう（真っ向）、まったßだなか（真っ只中）、
　　　　　まっとう（真っ当）、まっぱだか（真っ裸）、まっぷたつ（真っ二つ）
「まん-」：まんなか（真ん中）、まんまる（真ん丸）、まんまえ（真ん前）

　「-な」と「-ま」の前で「まっ-」が「まん-」に変わっているのです。韓国語と同じ現象で、まさに鼻音化そのものです。下記例もご参考ください。

打つ「ぶっ-」：ぶっかける、ぶっちぎる、ぶっぱなす
　　　「ぶん-」：ぶん**な**ぐる、ぶん**な**げる、ぶん**ま**わす
突く「つっ-」：つっかかる、つっつく、つっぱねる
　　　「つん-」：つん**の**める
引く「ひっ-」：ひっかかる、ひっかける、ひったくる、引っぱたく
　　　「ひん-」：ひん**ま**がる、ひん**ま**げる、ひん**ぬ**く

第6課 発音変化のルール

> 初級用（1）複子音終声の鼻音化

CD 64

값 나가다 ［감나가다 kamnagada カムナガダ］ 値打ちがある
없니？［엄니 ɔmni オムニ］ ないか、いないか
닭 머리 ［당머리 taŋmori タンモリ］ 鶏の頭
읽니？［잉니 iŋni インニ］ 読んでいるか
밟는 ～ ［밤는 pamnɯn パムヌヌ］ 踏む～（連体形）
읊는 ～ ［음는 ɯmnɯn ウムヌヌ］ 詠じる～（連体形）

> 初級用（2）「ㄹ［n］」による鼻音化

「ㄴ」と「ㄹ」の流音化については先述したとおりですが、流音化が起きない終声の条件（すなわち「ㄴ」「ㄹ」以外の終声）の後に「ㄹ」が続くと、「ㄹ」は発音が親近音［n］に変ります。変わった［n］は鼻音でなので先行音節の終声を鼻音化させます。ただし、終声がすでに鼻音「ㅇ・ㅁ」である場合は鼻音化は起きません。

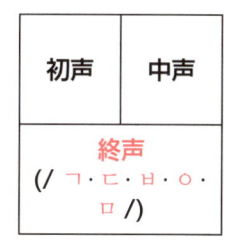

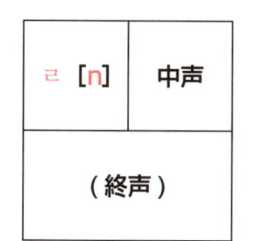

初声	中声
終声 (/ ㄱ・ㄷ・ㅂ・ㅇ・ㅁ /)	

ㄹ [n]	中声
（終声）	

終声		終声音
/ㄱ/	→	［ㅇ］
/ㄷ/	→	［ㄴ］
/ㅂ/	→	［ㅁ］
/ㅇ//ㅁ/	→	［ㅇ］［ㅁ］（変化なし）

CD 65 국 립 ［궁닙 kuŋnip クンニプ］国立

박람 [박남 paŋnam パンナム] 博覧
폭력 [퐁녁 pʰoŋnjok ポンニョク] 暴力
몇 라운드 [면나운드 mjɔnnaundɯ ミョンナウンドゥ] 何ラウンド
몇 루블 [면누블 mjɔnnubɯl ミョンヌブル] 何ルーブル
법률 [범뉼 pɔmnjul ポムニュル] 法律　합리 [함니 hamni ハムニ] 合理
상류 [상뉴 saŋnju サンニュ] 上流
대통령 [대통녕 tɛtʰoŋnjoŋ テトンニョン] 大統領
금리 [금니 kɯmni クムニ] 金利　삼류 [삼뉴 samnju サムニュ] 三流

練習7

まず次の語の発音をCDから聴いてください。その後、発音どおりにハングルで（ ）に書いてください。

CD 66

① 백년 [peŋnjon ペンニョヌ] 100年（　　　）
② 숙녀 [suŋnjo スンニョ] 淑女（　　　）
③ 백만 [peŋman ペンマヌ] 100万（　　　）
④ 이웃 나라 [iunnara イウンナラ] 隣国（　　　）
⑤ 꽃만 [konman コンマヌ] 花だけ（　　　）
⑥ 젖먹이 [tɕɔnmogi チョンモギ] 乳飲み子（　　　）
⑦ 없습니다 [ɔpʰsɯmnida オプスムニダ] ありません、いません（　　　）
⑧ 입 냄새 [imnɛmsɛ イムネムセ] 口臭（　　　）
⑨ 입맞춤 [immatʨʰum インマッチュム] 口づけ（　　　）
⑩ 닭 냄새 [taŋnɛmsɛ タンネムセ] 鶏のにおい（　　　）
⑪ 흙 냄새 [hɯŋnɛmsɛ フンネムセ] 土のにおい（　　　）
⑫ 값만 [kamman カンマヌ] 値段ばかり（　　　）
⑬ 독립 [toŋnip トンニプ] 独立（　　　）
⑭ 박력 [paŋnjok パンニョク] 迫力（　　　）
⑮ 십 라운드 [ʃimnaundɯ シムナウンドゥ] 10ラウンド（　　　）

⑯협력 [hjomnjok ヒョムニョク] 協力　（　　　　　）
⑰승리 [sɯŋni スンニ] 勝利　（　　　　　）
⑱정리 [tʃoŋni チョンニ] 整理　（　　　　　）
⑲심리 [ʃimni シムニ] 心理　（　　　　　）
⑳침략 [tʃʰimnjak チムニャク] 侵略　（　　　　　）

8 「ㄴ」音挿入

「先行語 - 後続語」からなる合成語などにおいて、**先行語（終声で終わる語） - 後続語（「이・야・여・요・유・애・예」から始まる語）**の場合、後続語に綴字にない［ㄴ］音が入り込み、それぞれ［니］［냐］［녀］［뇨］［뉴］［내］［녜］で発音されます。「先行語 - 後続語」を分かりやすくするために便宜上「-」を付けて表します。

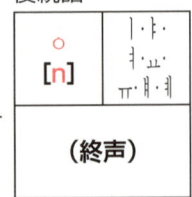

先行語			後続語		
初声	中声	初声	中声	初声	中声
(終声)		終声	○ [n]	이·야 여·요 유·애·예	(終声)	(終声)

🔊 CD 67　시청 - 역 ［시청녁 ʃitʃʰɔŋnjok シチョンニョク］市庁駅

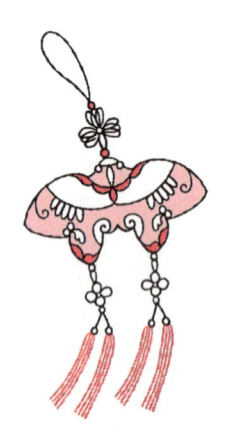

두통 - 약 [두통냑 tutʰoŋnjak トゥトンニャク] 頭痛薬
무슨 - 일 [무슨닐 musɯnnil ムスンニル] なにごと
한 - 여름 [한녀름 hannjorɯm ハンニョルム] 真夏
강남 - 역 [강남녁 kaŋnamnjok カンナムニョク] 江南駅(カンナム)
참 - 이쁘다 [참니쁘다 tʃʰamniʔpɯda チャムニップダ] 実にかわいい
잠깐만 - 요 [잠깐만뇨 tʃamkʔanmannjo チャムカンマンニョ]
　　　　　　　ちょっと（すみません）。
비싸군 - 요! [비싸군뇨 piʔsagunnjo ピッサグンニョ]
　　　　　　　（値段が）高いですね

中級用（1）「ㄴ」音挿入による子音同化

後続語に［ㄴ］音が入り込むと、先行語末の終声と共に所定の子音同化（鼻音化や流音化）が起きます。

CD 68

한국 - 야구 [한국냐구 > 한궁냐구 haŋguŋnjagu ハングンニャグ] 韓国の野球
평택 - 역 [평택녁 > 평탱녁 pʰjoŋtʰɛŋnjok ピョンテンニョク] 平沢駅
낮 - 일 [낟닐 > 난닐 nannil ナンニル] 昼の仕事
옛 - 이야기 [옏니야기 > 옌니야기 jennijagi イェンニヤギ] 昔話
앞 - 이마 [압니마 > 암니마 amnima アムニマ] 前額
수입 - 약 [수입냑 > 수임냑 suimnjak スイムニャク] 輸入薬
서울 - 역 [서울녁 > 서울력 soulljok ソウルリョク] ソウル駅
열 - 여섯 [열녀섣 > 열려섣 jolljosot ヨルリョソッ] 16
별 - 일 [별닐 > 별릴 pjollil ピョルリル] 変わったこと
할 - 예정 [할녜정 > 할레정 > 할레정 hall(j)edʒoŋ ハルレジョン] する予定
　　　　　　（→単母音化については当課の 10. で詳述）

練習8

まず次の語の発音をCDから聴いてください。その後、発音どおりにハングルで（　）に書いてください。

①부산 – 역 [pusannjok プサンニョク] 釜山駅　（　　　　　）
②한방 – 약 [hanbaŋnjak ハンバンニャㇰ] 漢方薬　（　　　　　）
③하는 – 일 [hanɯnnil ハヌンニル] しごと　（　　　　　）
④일본 – 야구 [ilbonnjagu イルボンニャグ] 日本の野球　（　　　　　）
⑤식용 – 유 [ʃigjoŋnju シギョンニュ] 食用油　（　　　　　）
⑥중국 – 야구 [tʃuŋguŋnjagu チュングンニャグ] 中国の野球　（　　　　　）
⑦전철 – 요금 [tʃontʃʰolljogɯm チョンチョルリョグム]
　　　　　　電車料金　（　　　　　）
⑧열 – 여덟 [jolljodol ヨルリョドル] 18　（　　　　　）
⑨나뭇 – 잎 [namunnip ナムンニㇷ゚] 木の葉　（　　　　　）
⑩정 말 – 이쁘다 [tʃoŋmalliʔpɯda チョンマルリプダ]
　　　　　　本当にかわいい　（　　　　　）

9 口蓋音化

　終声「-ㄷ」「-ㅌ」のあとに「-이」が続くと、連音して［디］［티］となりますが、実際には一部の例外語を除き、口蓋音化が起きて［지］［치］と発音されます。

　なお、激音［치］と発音される語に関しては、終声音を意識して発音すると終声音が残り、かつ口蓋音化が起きます。

같이 ［가티 > 가치 katʃʰi カチ］一緒に

＊ 終声音を意識した発音：같이 ［갇티 > 갇치 kattʃʰi カッチ］と発音します。
　以下、このような表記は省略します。

굳이 ［구디 > 구지 kudʑi クジ］あえて
해돋이 ［해도디 > 해도지 hɛdodʑi ヘドジ］日の出
끝이 ［끄티 > 끄치 ʔkɯtʃʰi クチ］終わりが
낱낱이 ［난나티 > 난나치 nannatʃʰi ナンナチ］一つ残らず

中級用（1）接辞「-히」による口蓋音化

終声「-ㄷ」のあとに接辞「-히」が続いた時は、まず激音化により［티］となりますが、口蓋音化して［치］と発音されます。

CD 71

갇히다 ［가티다 ＞ 가치다 katʃʰida カチダ］ 閉じ込められる
닫히다 ［다티다 ＞ 다치다 tatʃʰida タチダ］ 閉まる、閉められる
묻히다 ［무티다 ＞ 무치다 mutʃʰida ムチダ］ 埋まる、埋められる
굳히다 ［구티다 ＞ 구치다 kutʃʰida クチダ］ 固める

ちなみに、「갇다 ［갇따 katʔta カッタ］ 閉じ込める」「닫다 ［닫따 tatʔta タッタ］ 閉める」「묻다 ［묻따 mutʔta ムッタ］ 埋める」「굳다 ［굳따 kutʔta クッタ］ 固まる」という語です。

なるほど！ コラム

［디］［티］が［지］［치］と発音される口蓋音化現象は日本語にもありました。「チ」の発音は、歴史的に見ると室町時代までは［ti（ティ）］と発音されていたそうです。室町時代に「チ」に口蓋音化が起き、いまのような音［tʃi］に変わったといわれています。ちなみに「ツ」も［tu（トゥ）］と発音されていましたが、「チ」と同時期に口蓋音化が起き、いまのような音［tsɯ］になりました。

第6課 発音変化のルール

練習9

まず次の語の発音を CD から聴いてください。その後、発音どおりにハングルで（　）に書いてください。

CD 72

① 밭이 [patʃʰi パチ] 畑が（　　　）
② 숱이 [sotʃʰi ソチ] 釜が（　　　）
③ 밑이 [mitʃʰi ミチ] 下（底）が（　　　）
④ 곧이 듣다 [kodʑidɯtʔta コジトゥッタ] 真に受ける（　　　）
⑤ 걷히다 [kʌtʃʰida コチダ]（お金が）集められる（　　　）
⑥ 받히다 [patʃʰida パチダ] ぶつけられる（　　　）
⑦ 붙이다 [putʃʰida プチダ] 貼る（　　　）
⑧ 미닫이 [midadʑi ミダジ] 引き戸（　　　）

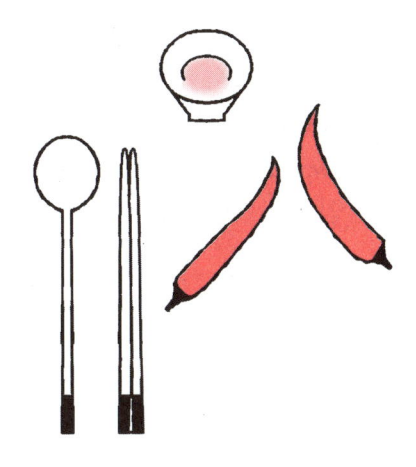

10 重母音の単母音化

ヤ行の「ㅖ・ㅒ」とワ行の「ㅘ・ㅝ・ㅢ・ㅙ・ㅞ・ㅚ・ㅟ」の重母音は、語頭であって、しかも初声子音が「ㅇ」の時にはしっかり重母音で発音されますが、語中・語尾であったり、もしくは初声子音が「ㅇ」以外の時には多少速く発音すると下記のように単母音化する傾向があります。

```
ㅖ > ㅔ    ㅒ > ㅐ     ㅘ > ㅏ    ㅟ > ㅣ
ㅢ > ㅣ    ㅙ > ㅐ     ㅞ > ㅔ    ㅚ > ㅔ
ㅝ > ㅓ
```

ただし、この単母音化は現在進行中のもので、まだ普遍化までにはいたっていません。綴字(つづり)を意識して発音すると単母音化しにくくなります。

(1) 初声子音が「ㅇ」の時、
① 語頭では単母音化しません。

CD 73

예보 [jebo イェボ] 予報　애기 [jɛgi イェギ] 話　와 [wa ワ] ～と(羅列)
위치 [wit͡ɕi ウィチ] 位置　의사 [ɰisa ウィサ] 意思　왜 [wɛ ウェ] なぜ
웨딩 [wediŋ ウェディン] ウェディング　외교 [wegjo ウェギョ] 外交
워드 [wɔdɯ ウォドゥ] ワード
월요일 [워료일 wɔrjoil ウォリョイル] 月曜日

第6課　発音変化のルール

②語中・語尾では単母音化が起きることがあります。

일기 예보 [일기에보 ilgi(j)ebo イルギエボ] 天気予報
학교 얘기 [학꾜애기 hakʔkjo(j)ɛgi ハッキョエギ] 学校の話
지위 [지이 tʃi(w)i チイ] 地位　　호의 [호이 ho(ɯ)i ホイ] 好意
하드 웨어 [하드에어 hadɯ(w)eɔ ハドゥエオ] ハードウェア
내외 분 [내에분 nɛ(w)ebun ネエブヌ] ご夫妻
구워 [구어 ku(w)ɔ クオ] 焼いて

(2) 初声子音が「ㅇ」以外の時は、語頭・語中・語尾を問わず単母音化が起きることがあります。

계산 [게산 k(j)esan ケサヌ] 計算
괜찮아요 [갠차나요 k(w)ɛntʃʰanajo ケンチャナヨ] 大丈夫です
됐어 [대써 t(w)ɛʔsɔ テッソ] （もう）いい　뭐 [머 m(w)ɔ モ] 何
뵙겠어요 [벱께써요 p(w)epʔkeʔsɔjo ペッケッソヨ] お目にかかります
화장실 [하장실 h(w)adʒaɲʃil ハジャンシル] 化粧室
회사 [헤사 h(w)esa ヘサ] 会社　　희망 [히망 h(ɯ)imaŋ ヒマン] 希望
사과 [사가 sag(w)a サガ] りんご　당좌 [당자 taŋdʒ(w)a タンジャ] 当座
앞뒤 [압띠 apʔt(w)i アプティ] 前後ろ　유쾌 [유캐 jukʰ(w)ɛ ユケ] 愉快
대사관 [대사간 tɛsag(w)an テサガヌ] 大使館
열쇠 [열쎄 jolʔs(w)e ヨルセ] 鍵
화요일 [하요일 h(w)ajoil ハヨイル] 火曜日

なるほど！コラム

　現代語では、下記のようにワ[wa]・ヲ[wo]が単母音化してア[a]・オ[o]で発音されることがあります。

わたし→［アタシ］　あなたを→［アナタオ］

　また、歴史的には、「化・課・火・華・貨・過・花・科・寡・禍・菓・靴」などの漢語は、「クワ」と読んでいましたが、江戸時代から次第にその発音が単母音化し、「カ」になったそうです。このような単母音化現象は、他にも「光」クワウ→コウ、「官」クワン→カン、「貴・帰」クヰ→キ、「化」クヱ→ケなどからも見られます。

初級用（1）連音してから単母音化

CD 74

북위　［부귀＞부기 pug(w)i プギ］北緯
백 원　［배권＞배건 pɛg(w)ɔn ペゴヌ］100 ウォン
편의점　［펴늬점＞펴니점 pʰjoniʥom ピョニジョム］コンビニ
　　　　（→漢語「便宜店」から）
물 위에　［무뤼에＞무리에 mul(w)ie ムリエ］水の上に

初級用（2）単母音化のあと、「ㅎ」の弱化

CD 75

후회　［후헤＞후에 hu(h)(w)e フエ］後悔
기회　［기헤＞기에 ki(h)(w)e キエ］機会
회화　［헤하＞헤아 h(w)e(h)(w)a ヘア］会話
대화　［대하＞대아 tɛ(h)(w)a テア］対話

初級用（3）単母音化のあと、激音化

CD 76

잡화 ［잡하＞ 자파 tʃapʰ(w)a チャパ］雑貨
백화점 ［백하점＞ 배카점 pɛkʰ(w)adʒɔm ペカジョㇺ］デパート
　　　　（→漢語「百貨店」から）
국회 ［국헤＞ 구케 kukʰ(w)e クケ］国会
육회 ［육헤＞ 유케 jukʰ(w)e ユケ］ユッケ

中級用（1）単母音化のあと、「ㅎ」の弱化により連音

CD 77

전화 ［전하＞ 전아＞ 저나 tʃɔn(h)(w)a チョナ］電話
만화 ［만하＞ 만아＞ 마나 man(h)(w)a マナ］漫画
은혜 ［은헤＞ 은에＞ 으네 ɯn(h)(j)e ウネ］恩恵
삼회 ［삼헤＞ 삼에＞ 사메 sam(h)(w)e サメ］3 回

中級用（2）「〜の」にあたる助詞「-의」は、改まった時以外は通常［에］と発音

남자의 ［남자에 namdʒae ナムジャエ］男の
일본어의 ［일본어에 ilbonɔe イルボノエ］日本語の
한국의 ［한국에＞ 한구게 hanguge ハングゲ］韓国の
서울의 ［서울에＞ 서우레 sɔure ソウレ］ソウルの
의의의 정의 ［의이에 정이＞ 의이에 저이 ɰi(ɯ)ie tʃɔŋ(ɯ)i ウィイエチョギ゜］
　　　　　　意義の定義

練習 10

まず次の語の発音をCDから聴いてください。その後、単母音化や「ㅎ」音の弱化などが起きる前提の下で変化した発音を（ ）にハングルで書いてください。

CD 78

① 누구 얘기 [nugu(j)ɛgi ヌグエギ] だれの話 （　　　　　）
② 소프트 웨어 [sopʰɯtʰɯ(w)eɔ ソプトゥエオ] ソフトウェア （　　　）
③ 교외 [kjo(w)e キョエ] 郊外 （　　　　）
④ 귀 [k(w)i キ] 耳 （　　　　）
⑤ 돼지 [t(w)ɛdʑi テジ] 豚 （　　　　）
⑥ 죄인 [tɕ(w)ein チェイヌ] 罪人 （　　　　）
⑦ 영사관 [jɔŋsag(w)an ヨンサガヌ] 領事館 （　　　　）
⑧ 천원 [tɕʰɔn(w)ɔn チョノヌ] 1000ウォン （　　　　）
⑨ 지휘 [tɕi(h)(w)i チイ] 指揮 （　　　　）
⑩ 사회 [sa(h)(w)e サエ] 社会 （　　　　）
⑪ 담화 [tam(h)(w)a タマ] 談話 （　　　　）
⑫ 문화 [mun(h)(w)a ムナ] 文化 （　　　　）
⑬ 집회 [tɕipʰ(w)e チペ] 集会 （　　　　）
⑭ 일본의 [ilbone イルボネ] 日本の （　　　　）
⑮ 질의 [tɕil(ɯ)i チリ] 質疑 （　　　　）

11 頭音法則

　本来、韓国語には語頭の初声に「ㄹ」は立ちません。初声「ㄹ」から始まる語は外来語や漢語のみで、固有の韓国語にはありません。そのため、韓国人は語頭の「ㄹ」音を苦手としています。最近は、外来語の影響で語頭の「ㄹ」を幾分発音できるようになっているものの、綴字（つづり）を意識しないで発音すると「ㄹ」音を正確に発することができなくなります。その現れとして、「ㄹ」を落として発音したり、もしくは親近音「ㄴ」に代えて発音したりするのです。これを「ㄹ」頭音法則といいます。

　この現象は、「ㄹ」の親近音「ㄴ」にも影響を与え、語頭の「ㄴ」も「ㄴ」を落として発音するようになりました。これを「ㄴ」頭音法則といいます。「ㄴ」頭音法則にはごく一部の固有語も含まれます。

　両法則に該当する漢語や一部の固有語は、変わった音で表記をすることになっています。したがって、同一語が語頭と語中・語尾でそれぞれ異なった綴字を使うことになりました。（ただし、北朝鮮では語頭の表記を変えていません）

(1)「ㄹ」頭音法則

①語頭の「ㄹ」が落ちる場合、

　「ㄹ」に続く母音が、**「ㅣ」もしくは半母音［j］を含む重母音「ㅑ・ㅕ・ㅛ・ㅠ・ㅐ・ㅖ」**である時は、語頭の「ㄹ」が落ちます。

	語頭	語中・語尾			
量	양	량	양산 [jaŋsan ヤンサヌ] 量産	대량 [tɛrjaŋ テリャン] 大量
力	역	력	역점 [jokˀtʃom ヨㇰチョム] 力点	노력 [norjok ノリョㇰ] 努力
料	요	료	요리 [jori ヨリ] 料理	재료 [tʃɛrjo チェリョ] 材料
六	육	륙	육십 [jukˀʃip ユㇰシㇷ゚] 六十	오륙 [orjuk オリュㇰ] 五六
礼	예	례	예의 [je(ɰ)i イェイ] 礼儀	실례 [ʃill(j)e シㇽレ] 失礼
理	이	리	이유 [iju イユ] 理由	지리 [tʃiri チリ] 地理

②語頭の「ㄹ」が「ㄴ」に変わる場合、

　「ㄹ」に続く母音が、①で挙げた「**ㅣ・ㅑ・ㅕ・ㅛ・ㅠ・ㅐ・ㅖ**」**以外の時**は、語頭の「ㄹ」が「ㄴ」に変わります。

	語頭	語中・語尾			
裸	나	라	나체 [natʃʰe ナチェ] 裸体	전라 [tʃolla チョㇽラ] 全裸
楽	낙	락	낙원 [nak(w)ɔn ナゴヌ] 楽園	오락 [orak オラㇰ] 娯楽
労	노	로	노동 [nodoŋ ノドン] 労働	위로 [wiro ウィロ] 慰労
論	논	론	논문 [nonmun ノンムヌ] 論文	이론 [iron イロヌ] 理論
来	내	래	내년 [nɛnjon ネニョヌ] 来年	미래 [mirɛ ミレ] 未来

＊논문は [nommun] とも発音されます。

第6課 発音変化のルール

> **なるほど！コラム**
>
> 古代日本語の特徴の1つとして語頭にラ行音は立たなかったといいます。これは、ラ行から始まる語が漢語か外来語だけに集中していることからもお分かりいただけると思います。つまり、日本語も韓国語も本来は語頭に［r］は立たなかったわけです。
>
> 漢語などは早くから日本に入ってきていたので日本人も語頭の［r］を徐々に発音できるようになってきたものと推測できます。しかし、「ロシア」がいいにくくて19世紀末までは「オロス（俄羅斯）」とか「オロシャ」とかでいっていたそうです。日本人も近世まではどうもラ行から始まる語は苦手だったようです。

(2) 「ㄴ」頭音法則

「ㄴ」に続く母音が、(1)の①で挙げた「ㅣ・ㅑ・ㅕ・ㅛ・ㅠ・ㅐ・ㅖ」である時は、語頭の「ㄴ」は落ちます。

	語頭	語中・語尾		
女	여	녀	여자 [jodʒa ヨジャ]女子	미녀 [minjo ミニョ]美女
年	연	년	연내 [jonnɛ ヨンネ]年内	내년 [nɛnjon ネニョヌ]来年
尿	요	뇨	요도 [jodo ヨド]尿道	당뇨 [taŋjo タンニョ]糖尿
匿	익	닉	익명 [iŋmjoŋ インミョン]匿名	은닉 [ɯnnik ウンニㇰ]隠匿
歯	이	니	이 [i イ]歯	어금니 [ogɯmni オグムニ]奥歯

発音変化のまとめ

1.～7.までに出た発音変化のルールを表にまとめると次のようになります。

表8 発音変化表

当音節の末音	次音節の頭音	
	子音	母音
母音	ㄱ・ㄷ・ㅂ・ㅈ　　ㅎ ↓　　　　↓ 有声音化　　弱化	縮約
子音		連音
ㅇ・ㄴ・ㅁ・ㄹ	ㄱ・ㄷ・ㅂ・ㅈ →多くは有声音化	
/ㄱ/ /ㄷ/ /ㅂ/	ㄱ・ㄷ・ㅂ・ㅅ・ㅈ→濃音化	
ㅎ	ㄱ・ㄷ・ㅂ・ㅈ→激音化	
ㄱ・ㄷ・ㅂ・ㅈ	ㅎ→激音化	
ㄴ	ㄹ→流音化	
ㄹ	ㄴ→流音化	
/ㄱ/ /ㄷ/ /ㅂ/ ↓　↓　↓ [ㅇ] [ㄴ] [ㅁ] 鼻音化	ㄴ・ㅁ・ ㄹ→ [ㄴ]	

第6課 発音変化のルール

第7課 あいさつとよく使う表現

　当課では、あいさつと普段の生活の中でよく使う、基本的な表現をまとめました。上記の13場面に分け、総137文を挙げておきました。発音の練習をもかねて何度も繰り返し、発話の練習に励んでもらえればと思います。書く練習も併行して行い、できることなら丸暗記してもらえればと思います。丸暗記しておけば、初級レベルの文法が簡単に理解できるようになります。

＊ 文末の「-ㅂ니다./-ㅂ니까?」形と「-요./-요?」形

　韓国語の丁寧形には2種類があります。文末の①「-ㅂ니다./-ㅂ니까?」形と②「-요./-요?」形の2つです。①と②は、形態は異なりますが、意味は同じで、「-です/-ます」にあたる丁寧な言い方です。①は格式体といい、②は非格式体といいますが、下記のような使い分けやニュアンスの違いがあります。

表9　2種類の丁寧形のニュアンスの違い

	格式体 「-ㅂ니다./-ㅂ니까?」	非格式体 「-요./-요?」
使い分け	文語・口語	口語
ニュアンス	形式的な 儀礼的な 格式ばった 堅い 冷淡な よそよそしい	形式ばらない 儀式ばらない（くだけた） 格式ばらない 柔らかくて親しみがある 打ち解けた 馴れ馴れしい

　格式体は、文末の「-ㅂ니다.」を「-ㅂ니까?」に置き換えれば疑問形になり、非格式体は、形態は変わらず「-요.」を「-요?」とすなわち「.」を「?」に置き換えるだけで疑問形になります。疑問形の場合は文末を上げて発音します。

第7課 あいさつとよく使う表現

　ここでは、紙面の都合上、格式体・非格式体共に叙述形と疑問形の両方を載せることはできるだけ避けて、片方だけを載せるようにしました。載せていない方も、必要に応じて文末の形態を置き換えながら練習してもらえれば幸いです。なお、格式体と非格式体の方も、両方とも載せることは同様な理由で避けました。

　格式体の方も会話で用いられますが、元より話し言葉である非格式体の方がより多く用いられている点と柔らかいニュアンスを持っている点で非格式体を優先して記しました。もちろん両方ともよく使われる場合は両方を記し、格式体の方がより多く使われる場合は格式体を優先して記しました。

　なお、[ ]のあとには、参考になる発音変化の規則を下記のように略称（頭文字）で記しておきました。もし、よくわからなかったら第6課の該当規則に戻り、もう一度よく読んでください。

```
「ㅎ」音の弱化→ ㅎ      有声音化→ 有       連音→ 連
濃音化→ 濃              激音化→ 激         流音化→ 流
鼻音化→ 鼻              「ㄴ」音挿入 → ㄴ  口蓋音化 → 口
重母音の単母音化→ 重
```

おことわり：
　韓国語文は、基本的に分かち書きをして書きます。当課の全表現もその書き方に準じて示しておきました。CDは「一続き(ひとつづき)」の発音で録音をしました。音声符合[ ]の中では分かち書きをしないでくっつけて実際の発音通りに表記してあります。ご確認ください。

1 あいさつ

CD 80

(1) **안녕하세요?** お元気ですか？／今日は。／今晩は。
[안녀아세요 annjoŋ(h)asejo アンニョガセヨ] → 히 運

(2) **안녕하십니까?** お元気ですか？／今日は。／今晩は。
[안녀아심니까 annjoŋ(h)aʔʃimniʔka アンニョガシムニッカ]
→ 히 運 鼻

(3) **안녕히 주무세요.** お休みなさい
[안녀이 주무세요 annjoŋ(h)i tʃumusejo アンニョギチュムセヨ]
→ 히 運

(4) **안녕히 주무셨어요?** ゆっくりお休みになりましたか？
[안녀이 주무셔써요 annjoŋ(h)i tʃumuʃoʔsojo
アンニョギ チュムショッソヨ] → 히 運

(5) **오래간만이에요.** お久しぶりです。
[오래간마니에요 orɛganmaniejo オレガンマニエヨ] → 運

(6) **어떻게 지내세요?** いかがお過ごしですか？
[어떠케 지내세요 ɔʔtokʰe tʃinɛsejo オトケ チネセヨ] → 激

(7) **잘 지내고 있어요.** 元気に過ごしています。
[잘 지내고 이써요 tʃal tʃinɛgo iʔsojo チャル チネゴ イッソヨ] → 運

(8) 덕분에요. おかげさまで。
　　[덕뿌네요 tokʼpunejo トクプネヨ] → 濃 連

(9) 여전해요. 相変わらずです。
　　[여저내요 jɔdʑɔn(h)ɛjo ヨジョネヨ] → 히 連

(10) 그저 그래요. まあまあです。
　　[kɯdʑɔgrɛjo クジョグレヨ]

(11) 다녀오겠어요. 行ってまいります。
　　[다녀오게써요 tanjɔogeʼsɔjo タニョオゲッソヨ] → 連

(12) 다녀오세요. 行っていらっしゃい。
　　[tanjɔosejo タニョオセヨ]

(13) 다녀왔어요. ただいま帰りました。(直訳：行ってまいりました。)
　　[다녀아써요 tanjɔ(w)aʼsɔjo タニョアッソヨ] → 画 連

(14) 다녀오셨어요？ お帰りなさい。(直訳：行って来ましたか？)
　　[다녀오셔써요 tanjɔoʃɔʼsɔjo タニョオショッソヨ] → 連

2 自己紹介

(15) 처음 뵙겠어요. はじめてお目にかかります。/はじめまして。
[처음 뵙께써요 tʃʰoɯm p(w)epʔkeʔsojo チョウム ペㇷ゚ケッソヨ]
→ 重 濃 連

(16) 저는 사토 미카라고 해요. 私は佐藤美佳といいます。
[tʃɔnɯn satʰo mikarago hɛjo チョヌㇴ サト ミカラゴ ヘヨ]

(17) 일본에서 왔어요. 日本から来ました。
[일보네서 와써요 ilbonesɔ waʔsojo イㇽボネソ ワッソヨ] → 連

(18) 만나서 반가워요. お会いしてうれしいです。
[만나서 반가어요 mannasɔ panga(w)ojo マンナソ パンガオヨ] → 重

(19) 잘 부탁합니다. よろしくお願いします。
[잘 부타캄니다 tʃal putʰakʰamnida チャㇽ プタカㇺニダ] → 激 鼻

(20) 잘 부탁 드리겠어요. よろしくお願い申し上げます。
[잘 부탁 드리게써요 tʃal putʰak tɯrigeʔsojo チャㇽ プタㇰ トゥリゲッソヨ] → 連

第7課 あいさつとよく使う表現

3 応対

CD 82

(21) 계세요? いらっしゃいますか？
　　　[계세요 k(j)esejo ケセヨ] → 圃

(22) 누구세요? どなたですか？
　　　[nugusejo ヌグセヨ]

(23) 어서 오세요. (どうぞ) いらっしゃい。
　　　[ɔsɔosejo オソオセヨ]

(24) 잘 오셨어요. ようこそお出でになりました。
　　　[잘 오서써요 tʃal oʃɔʔsojo チャル オショッソヨ] → 連

(25) 안으로 들어오세요. 中へどうぞ。(お入りください)
　　　[아느로 드러오세요 anɯro tɯrɔosejo アヌロ トゥロオセヨ] → 連

(26) 편히 앉으세요. 楽に座ってください。
　　　[퍼니 안즈세요 pʰjon(h)i anʥɯsejo ピョニ アンジュセヨ] → ㅎ 連

(27) 차 드세요. お茶をどうぞ。(お召し上がりください)
　　　[tʃʰadɯsejo チャドゥセヨ]

(28) 잘 먹겠어요. いただきます。(飲食物に対して)
　　　[잘 먹께써요 tʃal mɔkʔkeʔsojo チャル モッケッソヨ] → 濃 連

131

(29) 잘 먹었어요. ごちそうさまでした。
　　　［잘 머거써요 tɕal mogɔʔsɔjo チャル モゴッソヨ］→ 連

(30) 참 맛있어요. 実に美味しいです。
　　　［참 마시써요 tɕʰam maʃiʔsɔjo チャム マシッソヨ］→ 連

(31) 참 맛있었어요. 実に美味しかったです。
　　　［참 마시써써요 tɕʰam maʃiʔsɔʔsɔjo チャム マシッソッソヨ］→ 連

4 別れる

CD 83

(32) 이만 가보겠어요. これで失礼します。(直訳：これで帰ります。)
　　　［이만 가보게써요 iman kabogeʔsɔjo イマヌ カボゲッソヨ］→ 連

(33) 또 만나요. また会いましょう。
　　　［ʔto mannajo ト マンナヨ］→ 連

(34) 또 뵙겠어요. またお目にかかります。
　　　［또 뻽께써요 ʔto p(w)epʔkeʔsɔjo ト ペップケッソヨ］→ 重 濃 連

(35) 실례하겠어요. 失礼します。
　　　［실레아게써요 ʃill(j)e(h)ageʔsɔjo シルレアゲッソヨ］→ 重 ㅎ 連

(36) 부인께 안부 전해 주세요. 奥様によろしくお伝えください。
　　　［부인께 안부 저내주세요 puinʔke anbu tɕʰɔn(h)ɛ dʑusejo
　　　プインケ アンブ チョネジュセヨ］→ ㅎ 連

第7課 あいさつとよく使う表現

(37) **안녕히 계세요.** さようなら。(直訳:安寧にご在宅してください)
[안녀이 게세요 annjoŋ(h)i k(j)esejo アンニョキ°ケセヨ]
→ 囲 運 重

(38) **안녕히 가세요.** さようなら。(直訳:安寧にお行きください)
[안녀이 가세요 annjoŋ(h)i kasejo アンニョキ°カセヨ] → 囲 運

(39) **조심해 가세요.** お気を付けて。(お行きください)
[조시매 가세요 tʃoʃim(h)ɛ kasejo チョシメ カセヨ] → 囲 運

5 応答やあいづち

(CD 84)

(40) **응.** うん。(友だちや目下に使う)
[ɯŋ ウン]

(41) **네.** はい。(目上などに使う丁寧形)
[ne ネ]

(42) **예.** はい。(丁寧形。かしこまった時にいう)
[je イェ]

(43) **그래.** そう。
[kɯrɛ クレ]

(44) **그래요.** そうです。
[kɯrɛjo クレヨ]

133

(45) 아냐. いいえ。(友だちや目下に使う)
　　　[anja アニャ]

(46) 아니요. いいえ。(目上などに使う丁寧形)
　　　[anijo アニヨ]

(47) 아뇨. いいえ。(「(46) 아니요」の縮約形)
　　　[anjo アニョ]

(48) 아닙니다. いいえ。(丁寧形)
　　　[아님니다 animnida アニㇺニダ] → 鼻

(49) 그러네요! そうですね!
　　　[kɯrɔnejo クロネヨ]

(50) 물론이에요. もちろんです。
　　　[물로니에요 mulloniejo ムㇽロニエヨ] → 連

(51) 저도 그렇게 생각해요. 私もそう思います。
　　　[저도 그러케 생가캐요 tʃodo kɯrokʰe sɛŋgakʰɛjo チョド クロケ
　　　センガケヨ] → 激

(52) 알겠어요. 分かります。
　　　[알게써요 algeʔsɔjo アㇽゲッソヨ] → 連

(53) 모르겠어요. 分かりません。
　　　[모르게써요 morɯgeʔsɔjo モルゲッソヨ] → 連

第7課　あいさつとよく使う表現

(54) 알아요. 知っています。
　　　[아라요 arajo アラヨ] → 運

(55) 몰라요. 知りません。
　　　[mollajo モルラヨ]

(56) 알았어요. 分かりました。
　　　[아라써요 ara？sɔjo アラッソヨ] → 運

(57) 몰랐어요. 分かりませんでした。／知りませんでした。
　　　[몰라써요 molla？sɔjo モルラッソヨ] → 運

(58) 잘 알았어요. よく分かりました。
　　　[잘 아라써요 tʃal ara？sɔjo チャル アラッソヨ] → 運

(59) 천만에요. とんでもないです。
　　　[천마네요 tʃʰonmanejo チョンマネヨ] → 運

(60) 천만의 말씀입니다. どういたしまして。
　　　[천마네 말쓰밈니다 tʃʰonmane malʔsɯmimnida チョンマネ マルスミムニダ] → 重 運 鼻

(61) 뭘요. 大したことないです。
　　　[뭘뇨＞멀료 m(w)ɔljo モルリョ] → ㄴ 流

(62) 괜찮아요. 大丈夫です。
　　　[갠차나요 k(w)ɛntʃʰanajo ケンチャナヨ] → 重 運 ㅎ

135

6 呼びかける

🎧 CD 85

(63) **여보세요.** すみません！／もしもし。
[jobosejo ヨボセヨ]

(64) **잠깐만요！** ちょっとすみません！
[잠깐만뇨 tʃamˀkanmannjo チャムカンマンニョ] → 凹

(65) **저기요！** あのう、すみません！
[tʃogijo チョギヨ]

(66) **실례지만...** 失礼ですが、
[실레지만 ʃill(j)edʒiman シルレジマヌ] → 重

(67) **말씀 좀 묻겠어요.** ちょっとお話お伺いします。
[말씀좀 묻께써요 malˀsɯmdʒom mutˀkeˀsojo マルスム ジョム ムッケッソヨ] → 濃 連

7 聞き直す

🎧 CD 86

(68) **뭐라고요？** 何ですって？
[머라고요 m(w)ɔragojo モラゴヨ] → 重

第7課 あいさつとよく使う表現

(69) 다시 한번 말씀해 주세요. もう一度おっしゃってください。
[다시 한번 말쓰매주세요 taʃi hanbon mal'sɯm(h)ɛdʒusejo タシ ハンボヌ マルスメジュセヨ] → 回 運

(70) 천천히 말해 주세요. ゆっくりお話ください。
[천처니 마래주세요 tʃʰɔntʃʰɔn(h)i mal(h)ɛdʒusejo チョンチョニ マレジュセヨ] → 回 運

(71) 무슨 말씀인지 모르겠어요. 何のお話なのか分かりません。
[무슨 말쓰민지 모르게써요 musɯn mal'sɯmindʑi morɯge'sɔjo ムスヌ マルスミンジ モルゲッソヨ] → 運

8 礼をいう

(72) 감사합니다. ありがとうございます。(直訳:感謝します)
[감사암니다 kamsa(h)amnida カムサアムニダ] → 回 鼻

(73) 고마워요. ありがとうございます。
[고마어요 koma(w)ɔjo コマオヨ] → 運

(74) 고마웠어요. ありがとうございました。
[고마어써요 koma(w)ɔ'sɔjo コマオッソヨ] → 運 運

(75) 저야말로. こちらこそ。
[저야말로 tɕɔjamallo チョヤマルロ]

9 謝る

(76) 미안해요. すみません。
[미아내요 mian(h)ɛjo ミアネヨ] → 🅗 🅡

(77) 미안합니다. すみません。
[미아남니다 mian(h)amnida ミアナㇺニダ] → 🅗 🅡 🅑

(78) 죄송합니다. すみません。((76)(77)より一段と丁重な謝罪表現)
[제소암니다 tʃ(w)esoŋ(h)amnida チェソガㇺニダ] → 🅗 🅡 🅑

(79) 제발 용서해 주세요. どうか許してください。
[제발 용서애주세요 tʃebal joŋso(h)ɛdʒusejo チェバル ヨンソエジュセヨ] → 🅗

(80) 한번만 봐 주세요. 一度だけ大目に見て(見逃して)ください。
[한번만 바주세요 hanbɔnman p(w)adʒusejo ハンボンマヌ パジュセヨ] → 🅑

(81) 실례했어요. 失礼しました。
[실레애쎠요 ʃill(j)e(h)ɛʔsɔjo シㇽレエッソヨ] → 🅑 🅗 🅡

10 断る

(82) **됐어요.** 結構です。／いいです。
[대써요 t(w)ɛʔsojo テッソヨ] → 重 連

(83) **필요없어요.** 要りません。
[피료업써요 pʰirjoɔpʔsojo ピリョオㇷ゚ソヨ] → 連 濃

(84) **시간이 없어요.** 時間がありません。
[시가니 업써요 ʃigani ɔpʔsojo シガニ オㇷ゚ソヨ] → 連 濃

(85) **바빠요.** 忙しいです。
[paʔpajo パッパヨ]

11 労う・祝う

(86) **왜 그래요?** どうしたんですか？
[wɛgɯrɛjo ウェグレヨ]

(87) **안 됐네요.** お気の毒に。／可愛そうに。
[안댄네요 and(w)ɛnnejo アンデンネヨ] → 重 鼻

(88) 걱정하지 마세요. 心配しないでください。
　　　［걱저아지 마세요 kɔkʰtʃɔŋ(h)adʑi masejo コヶチョガ゜ジ マセヨ］
　　　→ ㅎ 連

(89) 수고하셨어요. ご苦労様でした。／お疲れ様でした。
　　　［수고아셔써요 sugo(h)aʃʌ'sɔjo スゴアショッソヨ］ → ㅎ 連

(90) 힘 내세요. 元気出してください。
　　　［him nɛsejo ヒム ネセヨ］

(91) 축하합니다. おめでとうございます。
　　　［추카암니다 tʃʰukʰa(h)amnida チュカアムニダ］ → 激 ㅎ 鼻

(92) 좋은 새해 맞이하세요. 良いお年をお迎えください。
　　　［조은 새애 마지아세요 tʃo(h)ɯn sɛ(h)ɛ madʑi(h)asejo
　　　チョウヌ セエ マジアセヨ］ → 連 ㅎ

(93) 새해 복 많이 받으세요. 明けましておめでとうございます。
　　　　　　　　　　　　　　（直訳：新年、福をたくさんも
　　　　　　　　　　　　　　らってください）
　　　［새애 봉마니 바드세요 sɛ(h)ɛ poŋman(h)i padɯsejo
　　　セエポンマニ パドゥセヨ］ → ㅎ 鼻 連

(94) 새해 복 많이 받으셨어요? 良いお年をお迎えになりまし
　　　　　　　　　　　　　　　たか？（直訳：新年、福を
　　　　　　　　　　　　　　　たくさんらいましたか？）
　　　［새애 봉마니 바드셔써요 sɛ(h)ɛ poŋman(h)i padɯʃʌ'sɔjo
　　　セエ ポンマニ パドゥショッソヨ］ → ㅎ 鼻 連

第7課 あいさつとよく使う表現

12 いろいろな感情表現

CD 91

(95) **좋아요**. 良いです。／いいですよ。（快諾する時の）
[조아요 tʃo(h)ajo チョアヨ] → 運 ㅎ

(96) **싫어요**. いやです。
[시러요 ʃil(h)ɔjo シロヨ] → 運 ㅎ

(97) **창피해요**. 恥ずかしいです。（恥じる時の）
[창피애요 tʃʰaŋpʰi(h)ɛjo チャンピエヨ] → ㅎ

(98) **부끄러워요**. 恥ずかしいです。（はにかむ時の）
[부끄러어요 puʔkɯrɔ(w)ɔjo プクロオヨ] → 運

(99) **걱정이에요**. 心配です。
[걱쩌이에요 kɔkʔtʃɔniejo コㇰチョキ°エヨ] → 濃 運

(100) **큰일났어요**. 大変なことになりました。
／大変です。（大事になった時の）
[크닐라써요 kʰɯnillaʔsɔjo クニㇽラッソヨ] → 運 流

(101) **곤란해요**. 困ります。
[골라내요 kollan(h)ɛjo コㇽラネヨ] → 流 ㅎ 運

(102) **힘들어요**. 疲れます。／疲れています。／大変です。（しんどい時の）
[힘드러요 himdɯrɔjo ヒㇺドゥロヨ] → 運

141

(103) 피곤해요. 疲れます。／疲れています。
[피고내요 pʰigon(h)ɛjo ピゴネヨ] → 히 運

(104) 지쳤어요. 疲れました。
[지쳐써요 tʃitʃʼɔˀsojo チチョッソヨ] → 運

(105) 졸려요. 眠いです。
[tʃolljojo チョルリョヨ]

(106) 아파요. 痛いです。
[apʰajo アパヨ]

(107) 맘에 들어요. 気に入ります。
[마메 드러요 mame tɯrojo マメ トゥロヨ] → 運

(108) 맘에 안 들어요. 気に入りません。
[마메 안드러요 mame andɯrojo マメ アンドゥロヨ] → 運

(109) 정말이에요. 本当です。
[정마리에요 tʃɔŋmariejo チョンマリエヨ] → 運

(110) 거짓말이에요. 嘘です。
[거진마리에요 kɔdʒinmariejo コジンマリエヨ] → 鼻 運

(111) 같아요. 同じです。
[가타요 katʰajo カタヨ] → 運

(112) 달라요. 異なります。
[tallajo タルラヨ]

第7課　あいさつとよく使う表現

(113) 맞아요. そのとおりです。
　　　［마자요 madʑajo マジャヨ］→ 連

(114) 틀렸어요. 間違いです。(直訳：間違えました)
　　　［틀려써요 tʰɯlljɔʔsojo トゥルリョッソヨ］→ 連

(115) 예뻐요. きれいです。／可愛いです。
　　　［jeʔpojo イェッポヨ］

(116) 미워요. 憎いです。
　　　［미어요 mi(w)ojo ミオヨ］→ 重

(117) 기뻐요. 嬉しいです。
　　　［kiʔpojo キッポヨ］

(118) 슬퍼요. 悲しいです。
　　　［sɯlpʰojo スルポヨ］

(119) 귀여워요. 可愛いです。(人や動物に対して)
　　　［기여어요 k(w)ijɔ(w)ojo キヨオヨ］→ 重

(120) 아름다워요. 美しいです。
　　　［아름다어요 arɯmda(w)ojo アルㇺダオヨ］→ 重

(121) 더워요. 暑いです。
　　　［더어요 tɔ(w)ojo トオヨ］→ 重

(122) 추워요. 寒いです。
　　　［추어요 tɕʰu(w)ojo チュオヨ］→ 重

(123) 뜨거워요. 熱いです。
[뜨거어요 ?tɯgɔ(w)ɔjo トゥゴオヨ] → 重

(124) 차가워요. 冷たいです。
[차가어요 tʃʰaga(w)ɔjo チャガオヨ] → 重

(125) 따뜻해요. 暖かいです。
[따뜨태요 ?ta?tɯtʰɛjo タットゥテヨ] → 激

(126) 쌀쌀해요. 肌寒いです。
[쌀싸래요 ?sal?sal(h)ɛjo サルサレヨ] → ㅎ 連

(127) 시원해요. 涼しいです。
[시어내요 ʃi(w)ɔn(h)ɛjo シオネヨ] → 重 ㅎ

13 その他

CD 92

(128) 화장실이 어디에요? トイレはどちらですか。
[하장시리 어디에요 h(w)adʑaŋʃiri ɔdi(j)ejo ハジャンシリ オディエヨ] → 重 連

(129) 일본어 하시는 분 없어요? 日本語、話す方はいませんか？
[일보너 하시는분 업쏘요 ilbonɔ haʃinɯnbun ɔp?sojo イルボノ ハシヌンブヌ オッソヨ] → 連 濃

(130) 돼요? できますか？／いいですか？（許可を求める時の）
[대요 t(w)ɛjo テヨ] → 重

第7課 あいさつとよく使う表現

(131) 네, 돼요. はい、できます。／はい、いいです。(許可する時の)
　　　[네 대요 ne t(w)ɛjo ネ テヨ] → 重

(132) 아뇨, 안 돼요. いいえ、できません。／いいえ、だめです。
　　　[아뇨 안대요 anjo and(w)ɛjo アニョ アンデヨ] → 重

(133) 됐어요? できましたか？
　　　[대써요 t(w)ɛˀsojo テッソヨ] → 重 運

(134) 네, 됐어요. はい、できました。
　　　[네 대써요 ne t(w)ɛˀsojo ネ テッソヨ] → 重 運

(135) 아뇨, 아직 안 됐어요. いいえ、まだできていません。
　　　[아뇨 아직 안대써요 anjo adʑik and(w)ɛˀsojo アニョ アジㇰ アンデッソヨ] → 重 運

(136) 그렇게 해 주세요. そうしてください。
　　　[그러케 해주세요 kɯrokʰe hɛdʑusejo クロケ ヘジュセヨ] → 激

(137) 이거 주세요. これ、ください。
　　　[igɔ tɕusejo イゴ チュセヨ]

第8課 数詞

日本語の数詞には、「いち、に、さん、…」と数える漢語数詞と「ひとつ、ふたつ、みっつ、…」と数える固有語数詞の2種類がありますが、韓国語でも漢語と固有語の2種類の数詞が使われています。

1 漢語数詞

表10 漢語数詞

一	일 [il イル]	六	*육 [juk ユㇰ]	百	백 [pjɛk ペㇰ]
二	이 [i イ]	七	칠 [tɕʰil チル]	千	천 [tɕʰon チョヌ]
三	삼 [sam サム]	八	팔 [pʰal パル]	万	만 [man マヌ]
四	사 [sa サ]	九	구 [ku ク]	億	억 [ɔk オㇰ]
五	오 [o オ]	十	십 [ɕip シㇷ゚]	零	*공 [koŋ コㇴ]

* 六（육）は、語頭では [육] と発音されますが、語中・語尾では [륙] もしくは [뉵] と発音されます。**終声のない語のあとでは [륙] と発音され、終声のある語のあとでは（ㄴ音挿入により）[뉵] と発音されます。**ただし、終声「-ㄹ」のあとでは、流音化が起きるので [륙] と発音され

오육 [오륙 orjuk オリュㇰ] 五六
천육 [천뉵 tɕʰonnjuk チョンニュㇰ] 千六
칠육 [칠륙 tɕʰilljuk チルリュㇰ] 七六

第8課　数詞

＊ 零は、「영」と読み、「영」も使いますが、多くは「공（空）」を使っています。電話番号をいう時などの「-の」は「-의」で書きますが、会話では通常 [-에] と発音します。（→第6課の10.の（3）で先述）

204-0904（이공사의 공구공사）
　　[이공사에 공구공사 igoŋsae koŋgugoŋsa イゴンサエ　コングゴンサ]
080-1234-5678（공팔공의 일이삼사의 오륙칠팔）
　　[공팔고에 일리 삼사에 오륙 칠 팔 koŋpʰalgoŋe illisamsae orjuktʃʰilpʰal コンパルゴケ°　イルリサムサエ　オリュクチルパル]
（「일-이(1-2)」は「ㄴ」音挿入により [일니] となり、流音化により [일리] と発音されます。）

　十一から十九、二十から九十（およびそれ以上の数詞）までの数え方も日本語と同様な組み合わせ方です。ただし、「一続き(ひとつづき)」で発音すると所定の音韻変化が起き、下記のように発音が変わります。「一続き」での発音が思うようにいかない場合は、発音の変化が起きない「拾い読み」からまず練習を始めてください。

十一　십일　[시빌 ʃibil シビル]　　　　十二　십이　[시비 ʃibi シビ]
十三　십삼　[십쌈 ʃipʔsam シプサム]　　十四　십사　[십싸 ʃipʔsa シプサ]
十五　십오　[시보 ʃibo シボ]　　　　＊十六　십육　[심뉵 ʃimnjuk シムニュク]
十七　십칠　[십칠 ʃiptʃʰil シプチル]　　十八　십팔　[ʃippʰal シッパル]
十九　십구　[십꾸 ʃipʔku シプク]

＊「십육（十六）」の「-육（六）」は、終声語「십-」のあとですので [-뉵] と発音されます。[십뉵] からさらに鼻音化が起きて [심뉵] となりました。

二十 이십 [iʃip イシㇷ゚]　　　　三十 삼십 [samʃip サムシㇷ゚]
四十 사십 [saʃip サシㇷ゚]　　　　五十 오십 [oʃip オシㇷ゚]
六十 육십 [육썹 juk'ʃip ユㇰシㇷ゚]　七十 칠십 [칠썹 tɕʰil'ʃip チㇽシㇷ゚]
八十 팔십 [팔썹 pʰal'ʃip パㇽシㇷ゚]　九十 구십 [kuʃip クシㇷ゚]

漢語数詞につく助数詞

CD 94

원 [wɔn ウォヌ] ウォン（韓国の通貨）　　등 [tɯŋ トゥン] 等
등석 [tɯŋsɔk トゥンソㇰ] 等席
년 [njɔn ニョヌ] 年　　월 [wɔl ウォㇽ] 月　　일 [il イㇽ] 日
분 [pun プヌ] 分　　초 [tɕʰo チョ] 秒　　개월 [kɛ(w)ɔl ケオㇽ] ヵ月
페이지 [pʰeidʑi ペイジ] ページ
학년 [항년 haŋnjɔn ハンニョヌ] 年生（→漢語「学年」から）
번 [pɔn ポヌ] 番　　세 [se セ] 歳
층 [tɕʰɯŋ チュン] 階（→漢語「層」から）
급 [kɯp クㇷ゚] 級　　위 [wi ウィ] 位　　차 [tɕʰa チャ] 次
호 [ho ホ] 号　　호봉 [hoboŋ ホボン] 号俸
인분 [inbun インブヌ] 人前（→漢語「人分」から）
미터 (m) [mitɔ ミト] メートル
제곱미터 (㎡) [tɕegommitɔ チェゴンミト] 平方メートル
킬로그램 (㎏) [kʰillogrɛm キㇽログレム] キログラム
리터 (ℓ) [ritɔ リト] リットル　　홉 [hop ホㇷ゚] 合

　通常、数詞はアラビア数字で書きます。漢字で書くことはあまりありません。ハングルで書くこともありますが、その場合は、数詞と助数詞の間は原則として離して書くことになっています。

| 第8課 | 数詞 |

* 10,000원 (만 원) [마눤＞마넌 man(w)ɔn マノヌ] 1万ウォン
2008년 (이천팔 년) [이천팔련 itɕʰɔnpʰalljɔn イチョンパルリョヌ] 2008年
* 6월 (유 월) [유얼 ju(w)ɔl ユオㇽ] 6月
9일 (구 일) [구일 kuil クイㇽ] 9日
3학년 (삼 학년) [삼앙년＞사망년 sam(h)aŋnjɔn サマンニョヌ] 3年生
60세 (육십 세) [육썹쎄 juk²ɕipʔse ユㇰシㇷ゚セ] 60歳
63층 (육십 삼층) [육썹쌈층 juk²ɕipʔsamtɕʰɯŋ ユㇰシㇷ゚サㇺチュン] 63階
1급 (일 급) [ilgɯp イㇽグㇷ゚] 1級
2인분 (이 인분) [iinbun イインブヌ] 2人前
70kg (칠십 킬로그램) [칠썹킬로그램 tɕʰilʔɕipkʰillogrɛm チㇽシㇷ゚キルログレㇺ] 70kg
2홉 (이 홉) [ihop イホㇷ゚] 2合

* 一万、一千万は、通常「만」「천만」といい、「일（一）」は付けません。
* 6月と10月は、「육월」「십월」と書かず「유월」「시월」と書きます。
* 上記の助数詞の前に立つ「何」は「몇 [mjɔt]」といいます。「몇」は本来「幾」の意ですが、連音する場合、多くは［면］で連音します。（→第6課の3.の中級用（1）を参照）

몇 원 [며뤈＞며던 mjɔd(w)ɔn ミョドヌ] 何ウォン
몇 인분 [며딘분 mjɔdinbun ミョディンブヌ] 何人前
몇 월 [며뤌＞며덜 mjɔd(w)ɔl ミョドㇽ] 何月

ところが、「何日」の場合は「몇 일」と表記せず、「며칠 [mjɔtɕʰil ミョチㇽ]」を用います。ちなみに、「몇 일」は「幾日」という意味で用いられます。

* 漢語序数詞「第1、第2、第3、…」は、語頭に「제（第）」を付けて「제일、제이、제삼、…」といいます。

練習1

次の日本語を、数詞と助数詞の両方ともハングルで（　）に書いてください。

① 5,000ウォン（　　　　　　　）
② 1等（　　　　　）
③ 2等席（　　　　　　　）
④ 1988年（　　　　　　　）
⑤ 12月（　　　　　　）
⑥ 15日（　　　　　　）
⑦ 45分（　　　　　　）
⑧ 30秒（　　　　　　）
⑨ 4ヵ月（　　　　　　）
⑩ 6ページ（　　　　　　　）
⑪ 5年生（　　　　　　）
⑫ 20番（　　　　　　）
⑬ 60歳（　　　　　　）
⑭ 5階（　　　　　）
⑮ 3級（　　　　　）
⑯ 9位（　　　　　）
⑰ 2次（　　　　　）
⑱ 10号（　　　　　　）
⑲ 29号俸（　　　　　　　）
⑳ 3人前（　　　　　　　）
㉑ 100メートル（　　　　　　　）
㉒ 3.3平方メートル（　　　점　　　）＊「.」は「점（点）」といいます。
㉓ 55キログラム（　　　　　　　）
㉔ 2リットル（　　　　　　）
㉕ 1合（　　　　　　）

150

第8課　数詞

2 固有語数詞

下記表のように、1 から 10 までと 20、30、…90 までの固有語数詞があります。固有語では 99 まで数えられ、100 以上は漢語数詞を交えて数えます。

CD 95

表11　固有語数詞

1	하나 [hana ハナ]		
2	둘 [tul トゥル]	20	스물 [sɯmul スムル]
3	셋 [set セッ]	30	서른 [sɔrɯn ソルヌ]
4	넷 [net ネッ]	40	마흔 [mahɯn マフヌ]
5	다섯 [tasɔt タソッ]	50	쉰 [ʃ(w)in シィヌ]
6	여섯 [jɔsɔt ヨソッ]	60	예순 [jesun イェスヌ]
7	일곱 [ilgop イルゴプ]	70	일흔 [il(h)ɯn イルヌ]
8	여덟 [jɔdɔl ヨドル]	80	여든 [jɔdɯn ヨドゥヌ]
9	아홉 [ahop アホプ]	90	아흔 [ahɯn アフヌ]
10	열 [jɔl ヨル]		

11 から 19 までの数え方は、「열（10）」に「하나（1）、둘（2）、셋（3）、…、아홉（9）」を組わせていいます。ただし、固有語の方も「一続き(ひとつづ)」で発音すると所定の音韻変化が起き、下記のように発音が変わります。「一続き」での発音が思うようにいかない場合は、「拾い読み」から練習を始めてください。

11 열하나 [여라나 jol(h)ana ヨラナ]
12 열둘 [열뚤 jolʔtul ヨルトゥル]
13 열셋 [열쎋 jolʔset ヨルセッ]
14 열넷 [열렏 jollet ヨルレッ]
15 열다섯 [열따섣 jolʔtasot ヨルタソッ]
16 열여섯 [열려섣 jolljosot ヨルリョソッ]
17 열일곱 [열릴곱 jollilgop ヨルリルゴプ]
18 열여덟 [열려덜 jolljodol ヨルリョドル]
19 열아홉 [여라홉 jorahop ヨラホプ]

＊ 12［열뚤］・13［열쎋］・15［열따섣］のように、「열（10）」のあとの平音は濃音で発音されます。同様に「스물（20）」のあとも濃音で発音

＊ 14［열렏］は流音化（→第６課の６.）を参照してください。16［열려섣］・17［열릴곱］・18［열려덜］は、「열 -」のあとに「-녀섣・-닐곱・-녀덜」と「ㄴ音挿入」が起き、「열 -」との間に流音化が起きたのです。（→第６課の８.の中級用（１）を参照）

第8課 数詞

固有語数詞につく助数詞

개 [kɛ ケ] 個　잔 [tʃan チャㇴ] 杯　대 [tɛ テ] 台　벌 [pol ポㇽ] 着
살 [sal サㇽ] 歳　그릇 [kɯrɯt クルッ] 碗　다발 [tabal タバㇽ] 束
명 [mjɔŋ ミョㇴ] 名　사람 [saram サラㇺ] 人　분 [pun プㇴ] 方
권 [k(w)ɔn コㇴ] 冊（→漢語「巻」から）
장 [tʃaŋ チャㇴ] 枚（→漢語「張」から）
달 [tal タㇽ] 月　시 [ʃi シ] 時　시간 [ʃigan シガㇴ] 時間
쌍 [ʔsaŋ サㇴ] 組（→漢語「双」から）　번 [pɔn ポㇴ] 回、度
채 [tʃʰɛ チェ] 軒
갑 [kap カㇷ゚] 箱（たばこのような小さいものを数える時。漢語「匣」から）
상자 [saŋdʒa サンジャ] 箱
켤레 [kʰjɔlle キョㇽレ] 足（履物や靴下を数える時）
병 [pjɔŋ ピョㇴ] 本（瓶類を数える時。漢語「瓶」から）
척 [tʃʰɔk チョㇰ] 隻
마리 [mari マリ] 頭
필 [pʰil ピㇽ] 頭、匹（馬や反物を数える時。漢語「匹」から）
자루 [tʃaru チャル] 本、丁（鉛筆、包丁、銃、斧など手で握れるものを
　　 数える時）
말 [mal マㇽ] 斗　알 [al アㇽ] 粒　그루 [kɯru クル] 本（木を数える時）

＊ 固有語数詞に助数詞が付くと以下のように、「하나（1）、둘（2）、셋（3）、넷（4）、스물（20）」は語末音が落ちます。

하나 → 한 -　　둘 → 두 -　　셋 → 세 -
넷 → 네 -　　스물 → 스무 -

한 개 [hangɛ ハンゲ] 1 個　　두 잔 [tudʑan トゥジャヌ] 2 杯
세 대 [sedɛ セデ] 3 台　　네 벌 [nebɔl ネボル] 4 着
스무 살 [sɯmusal スムサル] 20 歳
다섯 명 [다선명 tasɔnmjɔŋ タソンミョン] 5 名
여섯 분 [여섣뿐 jɔsɔtʔpun ヨソップヌ] 6 名の方
열 권 [열꿘＞열껀 jolʔk(w)ɔn ヨルコヌ] 10 冊
열한 달 [여란달 jɔl(h)andal ヨランダル] 11 ヵ月
열두 시 [열뚜시 jɔlʔtuʃi ヨルトゥシ] 12 時
여든 마리 [jɔdɯnmari ヨドゥンマリ] 80 頭

＊ 20 以上の場合は、漢語数詞でもいいます。
　　20 歳（이십 살）、30 回（삼십 번）、80 頭（팔십 마리）
＊ 数詞は、ハングルでも書きますが、アラビア数字でも書きます。
＊ 固有語序数詞「1 番目、2 番目、3 番目、…」は、「첫 번째、두 번째、세 번째、…」もしくは「첫 째、두 째、세 째、…」といいます。「1 番目」の場合、「한 -」ではなく、「첫 -（「初 -」の意）」を使うことに注意してください。
　なお、「1 個目、2 杯目、3 台目、…」などの言い方は、通常の数え方に「- 째」を付けて「한 개째、두 잔째、세 대째、…」などといいます。1 杯目だけは「한 잔째」の他に「첫 잔째」「첫잔」ともいいます。

練習 2

次の日本語を、数詞と助数詞の両方ともハングルで（　）に書いてください。
① 3 個（　　　　　　　　）
② 1 杯（　　　　　　　　）
③ 2 台（　　　　　　　　）
④ 3 着（　　　　　　　　）
⑤ 35 歳（　　　　　　　　）
⑥ 1 碗（　　　　　　　　）
⑦ 2 束（　　　　　　　　）
⑧ 5 名（　　　　　　　　）

第8課 数詞

⑨ 20人（　　　　　　）
⑩ 二方（　　　　　　）
⑪ 10冊（　　　　　　）
⑫ 8枚（　　　　　　）
⑬ 三月（　　　　　　）
⑭ 9時（　　　　　　）
⑮ 4時間（　　　　　　）
⑯ 2組（　　　　　　）
⑰ 7回（　　　　　　）
⑱ 3軒（　　　　　　）
⑲ （たばこ）1箱（　　　　　　）
⑳ （りんご）1箱（　　　　　　）
㉑ 1足（　　　　　　）
㉒ （ビール）3本（　　　　　　）
㉓ 6隻（　　　　　　）
㉔ 12頭（　　　　　　）
㉕ （馬）20頭（　　　　　　）
㉖ （鉛筆）2本（　　　　　　）
㉗ 1斗（　　　　　　）
㉘ 3粒（　　　　　　）
㉙ （木）15本（　　　　　　）
㉚ 12時（　　　　　　）

巻末 反切表、字母の名称、解答、索引

* 反切表(はんせつ)

　反切表は、最初のㅏ段が「가、나、다、…」から始まりますので「가나다표（カナダ表）」ともいいます。辞書を引く時や名簿などの順序（子音順と母音順）のもととなっています。この反切表がいつ頃できたのかは定かでありませんが、濃音と複合母音が入っていないことから19世紀以前にはできていたのではと類推します。濃音は基の平音のあとの順となっており、子音順は「ㄱ（ㄲ）、ㄴ、ㄷ（ㄸ）、ㄹ、ㅁ、ㅂ（ㅃ）、ㅅ（ㅆ）、ㅇ、ㅈ（ㅉ）、ㅊ、ㅋ、ㅌ、ㅍ、ㅎ」となります。母音順は、複合母音を基本母音のあとにおく順序「ㅏ（ㅐ）、ㅑ（ㅒ）、ㅓ（ㅔ）、ㅕ（ㅖ）、ㅗ（ㅘ ㅙ ㅚ）、ㅛ、ㅜ（ㅝ ㅞ ㅟ）、ㅠ、ㅡ（ㅢ）、ㅣ」です。

　参考までに、北朝鮮では順序が韓国と若干異なります。子音順は、基本子音が先で、あとに激音と濃音が続き、最後に「ㅇ」をおく順序で「ㄱ、ㄴ、ㄷ、ㄹ、ㅁ、ㅂ、ㅅ、ㅈ、ㅊ、ㅋ、ㅌ、ㅍ、ㅎ、ㄲ、ㄸ、ㅃ、ㅆ、ㅉ、ㅇ」の順となります。母音順も、基本母音が先で、あとに複合母音をおく順序で「ㅏ、ㅑ、ㅓ、ㅕ、ㅗ、ㅛ、ㅜ、ㅠ、ㅡ、ㅣ、ㅐ、ㅒ、ㅔ、ㅖ、ㅚ、ㅟ、ㅢ、ㅘ、ㅝ、ㅙ、ㅞ」の順です。

表12 反切表

	k/g ㄱ	n ㄴ	t/d ㄷ	r ㄹ	m ㅁ	p/b ㅂ	s/ʃ ㅅ	無音 ㅇ	tʃ/ʤ ㅈ	tʃʰ ㅊ	kʰ ㅋ	tʰ ㅌ	pʰ ㅍ	h ㅎ
ㅏ a	가	나	다	라	마	바	사	아	자	차	카	타	파	하
ㅑ ja	갸	냐	댜	랴	먀	뱌	샤	야	쟈	챠	캬	탸	퍄	햐
ㅓ ɔ	거	너	더	러	머	버	서	어	저	처	커	터	퍼	허
ㅕ cɔ	겨	녀	뎌	려	며	벼	셔	여	져	쳐	켜	텨	펴	혀
ㅗ o	고	노	도	로	모	보	소	오	조	초	코	토	포	호
ㅛ jo	교	뇨	됴	료	묘	뵤	쇼	요	죠	쵸	쿄	툐	표	효
ㅜ u	구	누	두	루	무	부	수	우	주	추	쿠	투	푸	후
ㅠ ju	규	뉴	듀	류	뮤	뷰	슈	유	쥬	츄	큐	튜	퓨	휴
ㅡ ɯ	그	느	드	르	므	브	스	으	즈	츠	크	트	프	흐
ㅣ i	기	니	디	리	미	비	시	이	지	치	키	티	피	히

＊ 字母（子・母音字）の名称

ハングルの字母にはそれぞれに固有の名称があります。

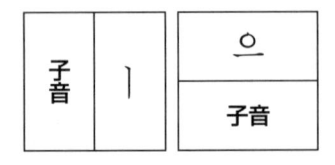

母音字の名称は、「ㅏ（아）、ㅑ（야）、ㅓ（어）、ㅕ（여）、…」と母音字の音価がそのまま名称となっていますが、子音字の名称には決まりがあります。基本的には2文字で、1文字目は当該子音に母音「ㅣ」を付けたもの、2文字目は「으」に当該子音を終声に付けたものです。（기역・디귿・시옷は例外ですが、北朝鮮では決まり通りに「기윽」「디읃」「시읏」と書きます。濃音についても同様です）

子音	ㅣ

으
子音

濃音字の名称は上記の決まりの頭に「쌍（揃い）-」とつけて3文字でいいます。

平音・激音	名称	濃音	名称
ㄱ	기역 [kijok キヨㇰ]	ㄲ	쌍기역 [ˀsaŋgijok サンギヨㇰ]
ㄴ	니은 [niɯn ニウㇴ]		
ㄷ	디귿 [tigɯt ティグッ]	ㄸ	쌍디귿 [ˀsaŋdigɯt サンディグッ]
ㄹ	리을 [riɯl リウㇽ]		
ㅁ	미음 [miɯm ミウㇺ]		
ㅂ	비읍 [piɯp ピウㇷ゚]	ㅃ	쌍비읍 [ˀsaŋbiɯp サンビウㇷ゚]
ㅅ	시옷 [ʃiot シオッ]	ㅆ	쌍시옷 [ˀsaŋʃiot サンシオッ]
ㅇ	이응 [iɯŋ イウン]		
ㅈ	지읒 [tʃiɯt チウッ]	ㅉ	쌍지읒 [ˀsaŋdʒiɯt サンジウッ]
ㅊ	치읓 [tʃʰiɯt チウッ]		
ㅋ	키읔 [kʰiɯk キウㇰ]		
ㅌ	티읕 [tʰiɯt ティウッ]		
ㅍ	피읖 [pʰiɯp ピウㇷ゚]		
ㅎ	히읗 [hiɯt ヒウッ]		

巻末　解答

* 練習問題の解答

第2課

CD 7 ①ㅜ ②ㅡ ③ㅓ ④ㅗ

CD 11 ①ㅕ ②ㅛ ③ㅛ ④ㅕ

CD 15 ①ㅢ ②ㅢ ③ㅟ ④ㅟ

第3課

CD 22 ①가 ②카 ③타 ④다 ⑤바 ⑥파 ⑦차 ⑧자

CD 26 ①까 ②가 ③다 ④따 ⑤바 ⑥빠 ⑦사 ⑧싸 ⑨짜 ⑩자

CD 30 A.①까다 ②꼬리 ③개 ④가치 ⑤a. 끼 b. 키 ⑥a. 캐다 b. 깨다 ⑦끄다

B.① a. 때 b. 대　② a. 티 b. 띠　③타다 ④또 하다

C.①비 ②뼈 ③빠르다 ④부르다 ⑤a. 패다 b. 빼다

D.①싸다 ②서! ③씨

E.① a. 차다 b. 짜다　② a. 찌다 b. 치다　③ a. 가자 b. 가짜　④기차 ⑤재우다 ⑥처 ⑦저리

第4課

CD 33 ①2 밭 ②3 밥 ③1 밖 ④3 밥 ⑤1 밖 ⑥2 밭 ⑦4 방 ⑧7 발 ⑨6 밤 ⑩5 반 ⑪4 방 ⑫6 밤 ⑬7 발 ⑭5 반

159

CD 37 マークをつける子音

① ㄱ ② ㄱ ③ ㅂ ④ ㅂ ⑤ ㄴ ⑥ ㄴ ⑦ ㄴ ⑧ ㄴ ⑨ ㄹ ⑩ ㄹ
⑪ ㄹ ⑫ ㄹ ⑬ ㄹ ⑭ ㄹ ⑮ ㄹ ⑯ ㄹ ⑰ ㄱ ⑱ ㄱ ⑲ ㅁ ⑳ ㅁ ㉑ ㅍ ㉒ ㅂ

CD 38 マークをつける子音（第一子音と第二子音が同じものは省略）

A.1 ㄱ 3 ㅂ B.3 ㅁ C.1 ㄱ 4 ㄹ D.2 ㅂ 3 ㄴ E.2 ㄹ

A. ①밟다 ②밝다 ③받다　　B. ①닦다 ②닮다 ③달다 ④단다
C. ①입다 ②잃다 ③읽다 ④있다　　D. ①없다 ②얻다 ③었다 ④얼다
E. ①널다 ②넓다 ③넣다　　F. ①작다 ②잦다 ③잘다 ④잡다
G. ①높다 ②놓다 ③녹다

第5課

練習

①고이즈미 준이치로　②마쓰자카 다이스케　③후지와라 노리카
④나가부치 쓰요시　⑤요시나가 사유리　⑥다카시마 레이코
⑦마스이 히데키　⑧호소키 가즈코　⑨아카시야 산마
⑩나카야마 미호　⑪긴자　⑫가스미가세키　⑬아키하바라
⑭신주쿠　⑮시부야　⑯아카사카　⑰아사쿠사
⑱롯폰기　⑲아오야마　⑳이케부쿠로　㉑하네다
㉒나리타　㉓홋카이도　㉔센다이　㉕아키타
㉖아오모리　㉗니가타　㉘나고야　㉙요코하마
㉚하코네　㉛도야마　㉜오사카　㉝교토
㉞나라　㉟고베　㊱히로시마　㊲시모노세키
㊳후쿠오카　㊴미야자키　㊵오키나와

第6課

練習1
① 기우 ② 이아 ③ 모오 ④ 보엄 ⑤ 대아
⑥ 노우 ⑦ 비앵기 ⑧ 모엄 ⑨ 누구아고 ⑩ 누구안테

練習2
① 도 ② 두 ③ 가 ④ 도 ⑤ 부
⑥ 자 ⑦ 기 ⑧ 굴 ⑨ 자 도 ⑩ 굴 보 다

練習3
① 한구거 ② 한구기 ③ 한구근 ④ 한구글 ⑤ 한구게
⑥ 한구게서 ⑦ 아페서 ⑧ 바께서 ⑨ 부내 ⑩ 겨랍
⑪ 일보나고 ⑫ 일보난테 ⑬ 너어 ⑭ 노아 ⑮ 안자
⑯ 일거 ⑰ 널버요 ⑱ 업써요 ⑲ 마나요 ⑳ 끄러요
㉑ 비딛따 / 비실따 ㉒ 비덥따

練習4
① 낟짬 ② 잡찌 ③ 책뽀다 ④ 발뚱 ⑤ 발까락
⑥ 갈뜽 ⑦ 참따 ⑧ 참꼬 ⑨ 참껜따 ⑩ 참꺼든
⑪ 참또록 ⑫ 참뜬지 ⑬ 참찌마 ⑭ 참짜 ⑮ 짤꼬
⑯ 짤꺼든 ⑰ 짤따 ⑱ 짤또록 ⑲ 머글싸람 ⑳ 마실싸람

練習5
① 추카 ② 고파기 ③ 자피다 ④ 산뜨타다 ⑤ 처태
⑥ 비타고 ⑦ 꼬타고 ⑧ 하야타 ⑨ 까마타 ⑩ 조코
⑪ 너코 ⑫ 노차 ⑬ 실커든 ⑭ 만코 ⑮ 끈코

練習6
① 질리 ② 놀리 ③ 날로 ④ 살림 ⑤ 출락
⑥ 별라라 ⑦ 실래 ⑧ 내일랄씨 ⑨ 칠련 ⑩ 일라가다

練習7
① 뱅년 ② 숭녀 ③ 뱅만 ④ 이운나라 ⑤ 꼰만
⑥ 전머기 ⑦ 업씀니다 ⑧ 임냄새 ⑨ 임 맞춤 ⑩ 당냄새
⑪ 홍냄새 ⑫ 감만 ⑬ 동닙 ⑭ 방녁 ⑮ 심나운드
⑯ 혐녁 ⑰ 승니 ⑱ 정니 ⑲ 심니 ⑳ 침냑

練習8　①부산녁　②한방냑　③하느닐　④일본냐구　⑤식용뉴
　　　　⑥중궁냐구　⑦전철료금　⑧열려덜　⑨나문닙　⑩정말리쁘다

練習9　①바치　②소치　③미치　④고지든따　⑤거치다
　　　　⑥바치다　⑦부치다　⑧미다지

練習10　①누구애기　②소프트에어　③교에　④기
　　　　⑤대지　⑥제인　⑦영사간　⑧처년　⑨지이
　　　　⑩사에　⑪다마　⑫무나　⑬지폐　⑭일보네
　　　　⑮지리

第8課

練習1　①오천 원　②일 등　③이 등석　④천구백팔십팔 년
　　　　⑤십이 월　⑥십오 일　⑦사십오 분　⑧삼십 초　⑨사 개월
　　　　⑩육 페이지　⑪오 학년　⑫이십 번　⑬육십 세　⑭오 층
　　　　⑮삼 급　⑯구 위　⑰이 차　⑱십 호　⑲이십구 호봉
　　　　⑳삼 인분　㉑백 미터　㉒삼 삼 제곱미터
　　　　㉓오십오 킬로그램　㉔이 리터　㉕일 홉

練習2　①세 개　②한 잔　③두 대　④세 벌　⑤서른다섯 살
　　　　⑥한 그릇　⑦두 다발　⑧다섯 명　⑨스무 사람　⑩두 분
　　　　⑪열 권　⑫여덟 장　⑬세 달　⑭아홉 시　⑮네 시간
　　　　⑯두 쌍　⑰일곱 번　⑱세 채　⑲한 갑　⑳한 상자
　　　　㉑한 켤레　㉒세 병　㉓여섯 척　㉔열두 마리
　　　　㉕스무 필　㉖두 자루　㉗한 말　㉘세 알
　　　　㉙열다섯 그루　㉚열두 시

日本語索引

＊印の語は本文にはないが重要な語を示す

■名詞

ア行

愛　사랑　58
あいさつ　인사　59
赤ちゃん　아가　54,79
＊秋　가을
握手　악수　57
＊朝　아침
足　발　52,56,60
脚（あし）　다리　9
味　맛　58,88
明日　내일　103
足の甲　발등　95
足の指　발가락　95
味見　맛보기　58
遊び　놀이　102
＊あそこ　저기
頭　머리　32
あっち　저리　48
兄（妹から見た時の）　오빠　45
＊兄（弟から見た時の）　형
＊姉（妹から見た時の）　언니
姉（弟から見た時の）　누나　31
あばら　갈비　80
＊油　기름
雨　비　47
暗記　암기　81
安寧　안녕　133

安否　안부　59
胃　위　27
家　집　58
以下　이하　78
意外　의외　27
粋　멋　88
意義　의의　27,119
石　돌　60
意思　의사　39,116
医師　의사　39
＊以上　이상
位置　위치　116
一周年　돐　62
犬　개　46
稲　벼　47
＊妹　여동생
入り口　입구　58,90
慰労　위로　122
＊印象　인상
インターネット　인터넷　9
隠匿　은닉　123
陰謀　음모　60
上　위　27
ウェディング　웨딩　116
＊牛　소
後ろ　뒤　39
嘘　거짓말　142
歌　노래　31
腕　팔　60
うどん　우동　9

乳母 젖 어머니 87
馬 말 60
海 바다 32
漆 옻 87
英語 영어 82
駅 역 111
大家 주인 집 91
お菓子 과자 39
*お金 돈
奥様 부인 132
奥歯 어금니 123
おじさん 아저씨 45
お正月 설날 102
*夫 남편
汚点 오점 93
弟 아우 18,*남동생
男 남자 105
お腹 배 35
*おばさん 아주머니
終わり 끝 84
音価 음가 92
音楽 음악 82
恩恵 은혜 119
温度 온도 80
*女 여자

カ行

外交 외교 116
会社 회사 117
外野 외야 28
外遊 외유 27
会話 회화 118
顔 얼굴 60,81

鍵 열쇠 117
学生 학생 85
学年 학년 105
学費 학비 57
家具 가구 30
掛け算 곱하기 100
*過去 과거
かささぎ 까치 46
歌手 가수 35
風邪 감기 60
価値 가치 46
楽器 악기 54,56
学校 학교 57,90
活字 활자 93
葛藤 갈등 95
釜 솥 115
*髪 머리털
紙 종이 82
火曜日 화요일 117
カラオケボックス 노래방 10
*体 몸
カルビ 갈비 8,55,80
*川 강
変わったこと 별일 111
眼科 안과 92
*頑固 완고
頑固一徹 외곬 62
韓国 한국 6,9
韓国語 한국어 88
漢字 한자 94
感謝 감사 60
江南(カンナム)駅 강남 역 111
漢方薬 한방약 112
木 나무 32

索引

気 기 46
機会 기회 118
＊機械 기계
疑義 의의 27
気候 기후 37,78
着こなし 옷 맵씨 105
記者 기자 48
汽車 기차 48
＊北 북쪽
切手 우표 42
きつね 여우 22
切符 표 42
＊昨日 어제
希望 희망 117
基本 기본 92
基本権 기본권 92
キムチ 김치 8
休暇 휴가 37
きゅうり 오이 18
牛乳 우유 22
教科書 교과서 39
教唆 교사 37
教師 교사 37
協力 협력 109
許可 허가 81
＊去年 작년
気流 기류 37
銀行 은행 85
金庫 금고 60
禁止 금지 60
金歯 금니 60
金利 금리 107
勤労 근로 101
金曜日 금요일 83

空気 공기 55,56,80
空港 공항 85
くし 빗 89
薬 약 111
口 입 58
口づけ 뽀뽀, 입맞춤 45,108
靴（革製の）구두 35
＊靴 신발
クッパ 국밥 8
国 나라 31
車 차 42
軍隊 군대 59
経済 경제 59,80
計算 계산 117
携帯 휴대 10
携帯電話 휴대폰 10
刑法 형법 92
外科 외과 92
怪訝（けげん）의아 27
化粧室 화장실 117
下水道 하수도 81
結合 결합 89
月曜日 월요일 82,116
決定 결정 92
原点 원점 93
減点 감점 93
憲法 헌법 92
厳格 엄격 92
検討 검토 60
恋 사랑 58
恋人 애인 87
好意 호의 117
工科 공과 92
後悔 후회 118

公害 공해 58	サッカー 축구 90
郊外 교외 120	雑貨 잡화 90,119
合計 합계 58	さっき 아까 45
港口 항구 58	雑誌 잡지 95
講師 강사 59	雑費 잡비 54,56,58
口臭 입 냄새 108	*賛成 찬성
洪水 홍수 59	サンチュ 상추 9
強盗 강도 59	三流 삼류 108
高利 고리 46	山林 산림 103
合理 합리 107	詩 시 47
コーヒー 코피 42	時間 시간 59
国語 국어 82	指揮 지휘 120
国民 국민 105	直取り引き 맞홍정 97
国立 국립 107	試験 시험 76
*ここ 여기	事件 사건 59
*心 마음	仕事 일, 하는 일 60
腰 허리 33	支持 지지 33
国家 국가 57	市庁駅 시청역 110
国会 국회 119	実施 실시 92
言葉 말 60	しっぽ 꼬리 46
今年 올해 85	下 아래, 밑 33,105
子ども 아이, 애 18	質疑 질의 120
木の葉 나뭇잎 112	室内 실내 103
ご飯 밥 52,56	失礼 실례 122
ご夫妻 내외 분 117	死ぬこと 죽기 57
ごま 깨 46	社会 사회 120
娯楽 오락 122	借金 빚 88
コンビニ 편의점 118	雌雄 암수 60
	集会 집회 120
サ行	祝賀 축하 100
	淑女 숙녀 108
罪人 죄인 120	宿題 숙제 90
材料 재료 122	主権 주권 92
*酒 슬	首都 수도 32,81

巻末 **索引**

首都圏 수도권 92
昇格 승격 92
証券 증권 92
条件 조건 92
乗車券 승차권 92
焼酎 소주 35
商法 상법 92
情報 정보 59
勝利 승리 109
上流 상류 107
食堂 식당 90
食用油 식용유 112
食欲 밥맛 105
女子 여자 37,123
女児 여아 22
ショッピング 쇼핑 9
初年 첫해 100
処理 처리 48
新羅 신라 102
汁物 국 5,56
人事 인사 59
人生 삶 86
心理 심리 109
真理 진리 103
侵略 침략 109
真露 진로 102
水道 수도 32,81
*水曜日 수요일
寿司 스시 9
頭痛 두통 111
ズボン 바지 35
性格 성격 92
政権 정권 92
生母 생모 59

整理 정리 109
席 자리 33
背丈 키 42,46
*背中 등
*先生 선생님
前額 앞이마 111
全裸 전라 122
ソウル 서울 85
ソウル行き 서울 행 85
*そこ 거기
底 밑 115
外 밖 52
ソフトウェア 소프트 웨어 120
村落 촌락 103

タ行

第一印象 첫 인상 87
対価 대가 92
大河 대하 78
大概 (たいがい) 대개 31
大使館 대사관 117
大統領 대통령 107
台所 부엌 105
大量 대량 122
対話 대화 118
宅配 택배 57
*足し算 덧셈
ただ 공짜 59
種 씨 47
*卵 달걀
タバコ 담배 60
食べ物 먹을 거 94
食べること 먹기 93

たましい 넋 62
だれ 누구 31,78
単価 단가 92
単語 단어 82
男子 남자 57,60,80
短所 단점 93
暖炉 난로 103
談話 담화 120
血 피 42,27
地位 지위 117
地下 지하 76
チゲなべ 찌개 45
父 아버지 35,54,79
地図 지도 54,79
乳飲み子 젖 먹이 108
茶 차 42
中国 중국 112
蝶 나비 32
長兄 맏형 97
長所 장점 93
地理 지리 122
治療 치료 42
ちびっ子 꼬마 45
注文 주문 59
賃金 삯 62
月 달 60
土 흙 108
机 책상 90
妻 처 48
梅雨 장마 59
手 손 91
定義 정의 119
*手紙 편지
*出口 출구

手の甲 손 등 91
鉄 쇠 39
デパート 백화점 97,119
天気 날씨 60
天気予報 일기 예보 117
電気 전기 59
伝記 전기 59
電車 전철 112
電話 전화 119
トイレ 화장실 140
唐辛子 고추 42
当座 당좌 117
当選 당선 92
当選圏 당선권 92
糖尿 당뇨 123
豆腐 두부 35
道路 도로 35
時 때 45,47
読書 독서 57
匿名 익명 123
独立 독립 108
時計 시계 137
*どこ 어디
ところ 데 94
年寄り 늙은 이 86
どなた 누구 131
共稼ぎ 맞벌이 90
*土曜日 도요일
鶏 닭 108
努力 노력 122

ナ行

内科 내과 92

巻末 **索引**

*内野 내야
中 안 87
長い脚 롱다리 10
梨 배 35
*夏 여름
何 뭐 39
なにごと 무슨 일 111
訛(なま)り 사투리 42
南海 남해 85
南部 남부 55,56
におい 냄새 105
肉 고기 30
*西 서쪽
偽物 가짜 45,48
日曜日 일요일 83
日本 일본 9
日本語 일본어 82
入学 입학 97
入居 입주 58
尿道 요도 123
にわとり 닭 63
*ねこ 고양이
鼠 쥐 39
値段 값 62,108
ネットカフェ PC 방 10
年内 연내 123
納付 납부 58
脳裏 뇌리 39
飲み物 마실 거 94

ハ行

歯 이 18,123
ハードウェア 하드 웨어 117

倍 배 35
葉書 엽서 58
博覧 박람 107
迫力 박력 109
パソコン PC 10
畑 밭 52,56
初子 첫 아이 87
初なり 맏물 105
発券 발권 92
発生 발생 92
発達 발달 92
発展 발전 92
花 꽃 57,88
鼻 코 42
話 얘기 116
鼻血 코피 42
花屋 꽃가게 58
母 어머니 35
ばら 장미 87
ばら色の人生 장밋빛 인생 87
春 봄 60
番号 번호 85
反対 반대 55,56
パン屋 빵집 91
日 해 112
陽 해 35
火 불 102
ビール 맥주 57
*東 동쪽
被害 피해 76
*引き算 뺄셈
引き戸 미닫이 115
飛行機 비행기 78
人 사람 9,60

169

秘書 비서　32
美女 미녀　123
非常に短い時間 덧　88
*左 왼쪽
一人 혼자　59,81
日の出 해돋이　112
表 표　42
*病院 병원
拍子 박자　57
平沢（ピョンテク）駅 평택 역　111
昼 낮　95
昼寝 낮잠　95
広さ 넓이　86
拾うこと 줍기　57
服 옷　87,88
釜山（プサン）駅 부산 역　112
蓋 덮개　90
豚 돼지　39,120
*普通 보통
物価 물가　92
物件 물권　92
ぶどう 포도　79
ふろしきづつみ 보따리　45
船 배　35
冬 겨울　102
文化 문화　120
分解 분해　89
米国 미국　57
部屋 방　52
勉強 공부　59,81
冒険 모험　78
帽子 모자　79
厖大（ぼうだい） 방대　57
法律 법률　107

暴力 폭력　107
ボール 공　56
ぼく 나　5,35
北緯 북위　118
保険 보험　78
保護 보호　76
星の国 별나라　103
骨 뼈　47
保留 보류　37
本 책　57
本格 본격　92

マ行

前 앞　84
前髪 앞머리　105
前歯 앞니　105
町 동네　59
窓 창　91
窓辺 창가　91
真夏 한여름　111
漫画 만화　119
*右 오른쪽
水 물　60
*店 가게
道 길　60
みな 모두　81
*南 남쪽
耳 귀　39,120
未来 미래　122
民法 민법　92
*村 마을
*昔 옛날
昔話 할 예정　111

虫眼鏡 돋보기 90
無料 무료 37
*目 눈
目上の人 웃어른 87
めがね 안경
木曜日 목요일 82
文字 문자 93
*物 물건

予報 예보 116
夜道 밤길 91
余裕 여유 22
夜 밤 52

ヤ行

野外 야외 28
野球 야구 37
役割 약할 96
家賃 집세 58
野党勢力 야권 92
山 산 56
揶揄（やゆ）야유 22
優雅 우아 18
有効 유효 37
優秀 우수 33
猶予 유예 22
愉快 유쾌 117
*輸出 수출
ユッケ 육회 119
輸入 수입 111
指 손가락 91
要求 요구 37
要件 요건 92
用件 용건 92
幼児 유아 22
容赦 가차 48
予定 예정 111
与党勢力 여권 92

ラ行

来年 내년 122
楽園 낙원 122
裸体 나체 122
卵子 난자 57
理解 이해 76
力点 역점 122
理由 이유 22,122
留意 유의 27
料金 요금 112
量産 양산 122
領事館 영사관 120
料理 요리 37
旅券 여권 92
旅行 여행 58
理論 이론 122
りんご 사과 117
隣国 이웃 나라 108
例外 예외 28
礼儀 예의 27
礼遇 예우 22
列島 열도 92
恋愛 연애 82
連絡 연락 102
老後 노후 78
労働 노동 122
ローマ字 로마자 93
論文 논문 122

論理 논리 103

ワ行

ワイヤ 와이어 27
若者 젊은이 86
わたし 나, 저 5,6,35,48
ワード 워드 116
悪い気運 끼 46
*割り算 나눗셈

■助詞

～が －가/-이 7,183
～けれども －만 6
～だけ －만 105
～で －에서 82,83
～は －은/-는 83
～に －에, －한테 18,76
～の －의 27
～は －는 6
～も －도 79
～へ －에 6,83
～と －와/-과,-하고 5,27,76,116
～より -보다 79
～を －을/를 83

■形容詞・形容動詞

*曖昧模糊だ 모호하다
青い 푸르다 47
明るい 밝다 64
あたたかい 따뜻하다 97
甘い 달다 64

いい 좋다
　いいか 좋니？ 105
　いいね 좋지 99
　いいし 좋고 100
いやだ 싫다
　いやだった 싫던 99
　いやだったら 싫거든 100
　いやです 싫어요 86
美味しい 맛있다 87
美味しくない 맛없다 87
多い 많다 62
　多いです 많아요 89
　多いし 많고 100
　多かったら 많거든 99
大きい 크다 46,58
同じだ 같다 54
かっこいい 멋지다 58
　　　　　　멋있다 87
かっこわるい 멋없다 88
かわいい 이쁘다 111
きれいだ 깨끗하다 97
黒い 까맣다 100
こざっぱりしている 산뜻하다 100
細かい 잘다 64
この 이 18
塩辛い 짜다 48
白い 하얗다 100
冷たい 차다 48
高い 높다 64
高い（値段が） 비싸다
　高いですね 비싸군요 117
正しい 바르다 47
　　　　옳다 63
　正しいです 옳아요 86

大丈夫だ 괜찮다　62
　　大丈夫だし 괜찮고　99
　　大丈夫です 괜찮아요　117
小さい 작다　53,64
はかない 덧없다　88
速い 빠르다　47
ひどい 심하다　85
広い 넓다　62,64
　　広いし 넓고　94
　　広いです 넓어요　89
頻繁だ 잦다　64
短い 짧다　62,95
　　短いし 짧고　95
　　短いように 짧도록　95
　　短かったら 짧거든　95
安い 싸다　45,47
良い 좋다　85,99
　　良いね 좋지　99
若い 젊다　63
　　若かったら 젊거든　94

■感動詞

お～い 어이　18
よし 옳지　99

■副詞

あえて 굳이　18
あのように 저렇게　99
いきなり 느닷없이　88
一緒に 같이　112
元来 원래　102
このように 이렇게　99

実に 참　111
そのように 그렇게　99
たくさん 많이　86
出し抜けに 느닷없이　88
どのように 어떻게　98
なぜ 왜　27,116
一つ残らず 낱낱이　112
本当に 정말　112
また 또　45,47

■動詞

会う 만나다　59
　　会う〜만날-　94
明るくする 밝히다　98
＊遊ぶ 놀다
＊集める 모으다
集められる 걷히다　115
当てる 맞히다　97
＊合う 맞다
＊合わせる 합치다
行く 가다　31,46
　　行きません 가지 않아요　86
　　行こう 가자　48
いない 없다　62,64
　　いないか 없니？　107
　　いません 없어요　89
入れる 넣다　64,99
　　入れよう 넣자　99
　　入れて 넣어　89
いる・ある 있다　64
　　います 있습니다　105
　　いるか 있니？　105
打つ 치다　48

埋まる 묻히다 114
埋められる 묻히다 114
埋める 묻다 114
詠じる □다 63
　詠じようが 읊든지 94
　詠じる〜 읊는- 107
得る 얻다 64
大雑把に目を通す □어보다 63
遅れる 늦다
　遅れて 늦어서 82
お願いします 부탁해요 97
終わる 끝나다 105
買う 사다 47
書く 쓰다
　書け 써 47
隠れる 숨다
　隠れる〜 숨을- 94
固まる 굳다 114
固める 굳히다 114
かぶれる 오르다 87
かみあう 맞 물리다 105
着る 입다 64,93
　着たら 입거든 93
切る 끊다
　切って 끊고 100
　切ろう 끊자 99
消す 끄다 46
凍る 얼다 64
答える 대답하다 97
覚める 깨다 46
仕事に出かける 일나가다 103
*死ぬ 죽다
閉まる 닫다 114
閉められる 닫히다 114

閉める 닫다 64
する 하다 47
　します 합니다 105
　する〜 할- 111
座る 앉다 62
　座るように 앉도록 94
　座って 앉아 89
　座ってください 앉으세요 86
　座らせる 앉히다 98
似る 닮다 64
堪える 참다 95
　堪えたら 참거든 95
　堪えて 참고 95
　堪えようが 참든지 95
　堪えるように 참도록 95
　堪えよう 참자 95
　堪えるな 참지마 95
食べる 먹다
　食べて 먹고 93
散る 지다 48
捕まえる 잡다 64
捕まる 잡히다 100
詰める 채우다 48
摘む 따다 47
*出かける 나가다
閉じ込める 가두다 114
閉じ込められる 갇히다 114
溶ける 녹다 64
止まる 서다
　止まれ 서 47
ない 없다 62,64,94
　ないか 없니? 107
　ありません 없습니다/없어요 89
無くす 잃다 63,64

索引

なぐる 패다 47
なめる 핥다 63
　　なめるな 핥지마 94
寝かす 재우다 48
寝る 자다 48
残る 남다
　　残るな 남지마 93
　　残ろう 남자 93
載せる 얹다 62,64
飲む 마시다 94
　　飲む〜 마실- 94
乗る 타다 47
始める 시작하다 97
放す 놓다 64
　　放して 놓아 89
　　放せ 놓아라 86
　　放そう 놓자 100
履く 신다
　　履くように 신도록 93
　　履こうが 신든지 93
吐く 토하다 47
孕(はら)む 배다 47
晴れる 개다 46
貼る 붙이다 115
引く 빼다 47
干す 널다 64
*ぶつける 부딪치다
ぶつけられる 받히다 115
踏まれる 밟히다 98
踏む 밟다 63,64
　　踏む〜 밟는- 107
掘る 캐다 46
真に受ける 곧이 듣다 115
*見る 보다

磨く 닦다 64
　　磨いているか 닦니? 105
蒸す 찌다 48
むく 까다 46
もらう 받다 64
　　もらおう 받자 56,57
　　もらいたまえ 받게 93
　　もらう（意思形）받겠다 93
焼く 굽다
　　焼いて 구워 117
呼ぶ 부르다 47
読ませる 읽히다 98
読む 읽다 63,64
　　読もう 읽자 94
　　読んで 읽어 89
　　読んでいるか 읽니? 107
　　読んでください 읽으세요 86
沸く 끓다
　　沸いています 끓어요 89
*忘れる 잊어버리다
忘れられる 잊혀지다 97

■助数詞

<●漢語数詞につく 148
○固有語数詞につく 153>

●位 위
●ウォン 원
●階 층
○回 번

- ●ヶ月 개월
- ○方 분
- ●月 월
- ●級 급
- ●キログラム 킬로그램
- ○組 쌍
- ○軒 채
- ○個 개
- ●号 호
- ●合 홉
- ●号俸 호봉
- ○冊 권
- ○歳 살
- ●歳 세
- ●次 차
- ○時 시
- ○時間 시간
- ○隻 척
- ○足 켤레
- ○台 대
- ○束 다발
- ○着 벌
- ○丁 자루
- ○月 달
- ○粒 알
- ○斗 말
- ○度 번
- ○頭 마리, 필
- ●等 등
- ●等席 등석
- ○箱 갑, 상자
- ●日 일
- ○人 사람
- ●人前 인분

- ●年 년
- ●年生 학년
- ●番 번
- ○番目 번째
- ●秒 초
- ●分 분
- ●平方メートル 제곱미터
- ●ページ 페이지
- ○本 병, 그루
- ○枚 장
- ○名 명
- ●メートル 미터
- ●リットル 리터
- ○碗 그릇

● 著者紹介

姜 奉植（カン・ボンシック）

　1957年生まれ。岩手県立大学教授。主な専門分野は、韓国語学、日本語学、日韓比較・対照言語学。著書に、『韓国語会話入門』(東方書店)、『日本人のためのアンニョンハセヨアンニョンハシムニカ　韓国語入門 1・2』(国書刊行会) がある。韓国慶熙 (キョンヒ) 大学国際教育院の韓国語テキストの監訳者。日本の大学での15年以上に渡る韓国語教育の経験をもとに、日本人に分かりやすい解説を心がけた指導を実践している。

なるほど！ 韓国語──文字と発音 編

2008年3月24日　初版発行

著者
姜 奉植
ⓒBong Shik Kang, 2008

発行者
関戸 雅男

発行所
株式会社　研 究 社

〒102-8152　東京都千代田区富士見2-11-3
電話　営業(03) 3288-7777(代)　　編集(03) 3288-7711(代)
振替　00150-9-26710
http://www.kenkyusha.co.jp/

印刷所
研究社印刷株式会社

装丁・デザイン・DTP
株式会社イオック (目崎智子)

本文イラスト
宮川いずみ

CD吹き込み
李 泓馥　林 周禧　洪 英姫

CD録音・編集・製作
(株)東京録音

KENKYUSHA
〈検印省略〉

ISBN 978-4-327-39413-4　C1087　Printed in Japan